CB010214

eu sou a minha liberdade

A relação de detentos e detentas com a leitura no cárcere

Editora Appris Ltda.
1.ª Edição - Copyright© 2023 da autora
Direitos de Edição Reservados à Editora Appris Ltda.

Nenhuma parte desta obra poderá ser utilizada indevidamente, sem estar de acordo com a Lei nº 9.610/98. Se incorreções forem encontradas, serão de exclusiva responsabilidade de seus organizadores. Foi realizado o Depósito Legal na Fundação Biblioteca Nacional, de acordo com as Leis nºs 10.994, de 14/12/2004, e 12.192, de 14/01/2010.

Catalogação na Fonte
Elaborado por: Josefina A. S. Guedes
Bibliotecária CRB 9/870

A636e 2023

Antunes, Bueno Amanda
Eu sou a minha liberdade : a relação de detentos e detentas com a leitura no cárcere / Amanda Antunes Bueno.
1. ed. – Curitiba : Appris, 2023.
142 p. ; 21 cm. – (Ciências da comunicação).

Inclui bibliografia.
ISBN 978-65-250-4873-4

1. Remição (Direito penal). 2. Prisioneiros – Leitura. 3. Leitores. 4. Prisão – Brasil. 5. Prisões. I. Título. II. Série.

CDD – 345

Livro de acordo com a normalização técnica da ABNT

Editora e Livraria Appris Ltda.
Av. Manoel Ribas, 2265 – Mercês
Curitiba/PR – CEP: 80810-002
Tel. (41) 3156 - 4731
www.editoraappris.com.br

Printed in Brazil
Impresso no Brasil

eu sou a minha liberdade

A relação de detentos e detentas com a leitura no cárcere

Amanda Antunes Bueno

Appris editora

FICHA TÉCNICA

EDITORIAL Augusto V. de A. Coelho
Sara C. de Andrade Coelho

COMITÊ EDITORIAL Marli Caetano
Andréa Barbosa Gouveia - UFPR
Edmeire C. Pereira - UFPR
Iraneide da Silva - UFC
Jacques de Lima Ferreira - UP

SUPERVISOR DA PRODUÇÃO Renata Cristina Lopes Miccelli

PRODUÇÃO EDITORIAL Nicolas da Silva Alves

REVISÃO Camila Dias Manoel

DIAGRAMAÇÃO Bruno Ferreira Nascimento

CAPA Rafael Krahl

REVISÃO DE PROVA Bianca Silva Semeguini

COMITÊ CIENTÍFICO DA COLEÇÃO CIÊNCIAS DA COMUNICAÇÃO

DIREÇÃO CIENTÍFICA **Francisco de Assis (Fiam-Faam-SP-Brasil)**

CONSULTORES

Ana Carolina Rocha Pessôa Temer (UFG-GO-Brasil)

Antonio Hohlfeldt (PUCRS-RS-Brasil)

Carlos Alberto Messeder Pereira (UFRJ-RJ-Brasil)

Cicilia M. Krohling Peruzzo (Umesp-SP-Brasil)

Janine Marques Passini Lucht (ESPM-RS-Brasil)

Jorge A. González (CEIICH-Unam-México)

Jorge Kanehide Ijuim (Ufsc-SC-Brasil)

José Marques de Melo (*In Memoriam*)

Juçara Brittes (Ufop-MG-Brasil)

Isabel Ferin Cunha (UC-Portugal)

Márcio Fernandes (Unicentro-PR-Brasil)

Maria Aparecida Baccega (ESPM-SP-Brasil)

Maria Ataíde Malcher (UFPA-PA-Brasil)

Maria Berenice Machado (UFRGS-RS-Brasil)

Maria das Graças Targino (UFPI-PI-Brasil)

Maria Elisabete Antonioli (ESPM-SP-Brasil)

Marialva Carlos Barbosa (UFRJ-RJ-Brasil)

Osvando J. de Morais (Unesp-SP-Brasil)

Pierre Leroux (Iscea-UCO-França)

Rosa Maria Dalla Costa (UFPR-PR-Brasil)

Sandra Reimão (USP-SP-Brasil)

Sérgio Mattos (UFRB-BA-Brasil)

Thomas Tufte (RUC-Dinamarca)

Zélia Leal Adghirni (UnB-DF-Brasil)

Aos meus pais,
que me ensinaram
o que é existir.

Aos livros e às pessoas,
que me ensinaram o que fazer
com a minha existência.

agradecimentos

Aos meus pais, Célio Antunes Bueno e Lêle Teresinha Branco Antunes, que todos os dias da minha vida estiveram ao meu lado, dispostos a me ajudar e am(par)ar de todas as formas que podiam. Por terem me incentivado a ler, a ser quem sou, e terem me dado as melhores e mais bonitas lembranças que tenho da infância em relação à leitura e à contação de histórias. Que, desde o começo da faculdade, acreditaram em mim e apostaram suas fichas no que amo fazer. Este livro é, primeiramente, para vocês. Serei eternamente grata por me amarem e serem lar.

Ao meu orientador neste trabalho, que começou como trabalho de conclusão de curso para o curso de Jornalismo da Universidade Federal de Santa Catarina e agora está em suas mãos, leitor(a). Samuel Pantoja Lima, meu mestre, agradeço o comprometimento em sanar cada dúvida que surgia ao longo do caminho e estar lá para discutir quais as melhores maneiras de fazer um trabalho digno e relevante. Obrigada por confiar em mim como você confiou. Que seus dias sejam de felicidade "amazônica", como você sempre deseja aos seus alunos, amigos e amados. Seu coração é incrível, assim como sua força.

Ao meu companheiro de vida e jornada, Rafael Marcos Zatta Krahl, que não saiu nem por um segundo do meu lado e me apoiou quando já me faltavam forças para continuar. Você me inspira a ir atrás da realização dos meus sonhos, e sou muito feliz por ver o brilho de orgulho nos seus olhos toda vez que dou um passo mais comprido na direção deles. As discussões com você me fazem ampliar meu olhar e ver as coisas com mais sensibilidade. Obrigada, meu amor, por sempre estar lá para torcer por mim. Tudo que você faz é lindo; te amar é lindo.

Aos meus amigos Mariany Bittencourt, Diana Hilleshein, Bruna Elisa Mayer, Gabriel Roberto Zatta Krahl, Dominique Cabral, Layla Ehing, Pedro Cruz, Victor Lacombe e Carol Gómez. Alguns leram, outros foram ombro e incentivo. Todos foram amor. Agradeço a cada um de vocês por serem suporte e fazerem a vida mais feliz.

À minha madrinha Leila Schmitz, que amo e fez de tudo para me ajudar durante uma dificuldade que tive na execução do trabalho. Você é uma mulher incrível, sua garra é uma motivação para mim.

À Ligia Abigail Vargas Antunes Bueno, que me deu um dos primeiros livros que me lembro de ter amado. Isso acendeu em mim uma chama que se alastrou e jamais se apagou. Muito obrigada por isso.

A cada um dos detentos, das detentas e ao ex-detento que, além de compartilharem sua vida comigo, compartilharam esperança. Que mostraram, por meio de seus relatos, que a história humana é muito mais densa do que se pode presumir, e que apenas rotular alguém geralmente é algo simplista demais para resolver qualquer questão que a sociedade necessite enfrentar.

Aos professores que lecionaram no projeto Despertar pela Leitura em 2019, durante a execução deste trabalho — Adailson Robalino Leal, Fernanda Aparecida Róhden e Gabriela Souza Schebella —, que me receberam com muito carinho e dedicação. Vocês me mostraram que ser professor é muito mais que ter uma profissão — é ser base e inspiração.

Mas já que se há de escrever,
que pelo menos não se esmaguem
com palavras as entrelinhas.
(Clarice Lispector)

apresentação

Recorte da matéria "Projeto dá visibilidade aos principais leitores do Brasil: os presidiários"

EXAME

BRASIL

Projeto dá visibilidade aos principais leitores do Brasil: os presidiários

Detentos chegam a ler nove vezes mais que a média dos brasileiros; veja o mini documentario sobre o projeto

por **Luiza Calegari**
4 maio 2018, 10h50 - Publicada em 28 abr 2018, 06h30

Michael Douglas Jesus Santos, detento de Hortolândia participou do projeto Resenha Livre, parceria da editora Carambaia (Carambaia/Videocubo/Divulgação)

Fonte: foto que acompanha a reportagem de Calegari (2018)
(a reportagem completa elaborada pela Exame[1] *pode ser acessada pelo QR Code):*

---

[1] CALEGARI, Luiza. Projeto dá visibilidade aos principais leitores do Brasil: os presidiários. *Exame*, [*s. n.*], 28 abr. 2018. Disponível em: https://exame.com/brasil/projeto-da-visibilidade-aos-principais-leitores-do-brasil-os-presidiarios/. Acesso em: 29 jan. 2023.

Foi essa a reportagem que ecoou dentro de mim, apagando por um momento todos os outros pensamentos, e fez nascer este livro. Senti o leve descompassar do ritmo cardíaco que anuncia: aqui tem uma boa história. E, naquele instante específico, eu soube: escreveria sobre aquilo.

Sempre amei a leitura. Ela é um mecanismo que, desde criança, me permitiu povoar meu quarto de companhia — fossem amigos, fossem amores ou família. Todos imaginários, mas tão poderosos quanto os de carne e osso. Ensinaram-me que a vida não é uma dicotomia entre estar feliz ou estar triste, entre ser bom ou ser mau. Que os seres humanos são multifacetados e, por isso, muito complexos — e suas histórias, mais ainda.

Descobri que muitas pessoas que estão atrás das grades também usam, assim como eu, a literatura para imaginar, fugir, melhorar, entender a si mesmo e o outro. O que pude oferecer aos presidiários e às presidiárias foi minha vontade de escutar, de compreender, de transformar em escrita o que é dito, percebido e sentido.

Escrevo por acreditar que a empatia só vem quando unimos os dados, números e relatórios a histórias de gente que represente o que eles significam.

Ao pesquisar mais sobre o assunto abordado na reportagem, deparei-me com dados interessantes. A última pesquisa *Retratos da leitura no Brasil*, realizada pelo Instituto Pró-Livro em parceria com o Itaú Cultural e aplicada pelo Ibope Inteligência entre 2019 e 2020[2], contou com 8.076

---

2 INSTITUTO PRÓ-LIVRO (IPL). *Retratos da leitura no Brasil*. 5. ed. [São Paulo]: IPL, 2020. Parceria com o Itaú Cultural e aplicação pelo Ibope Inteligência. Disponível em: https://www.prolivro.org.br/wp-content/uploads/2020/12/5a_edicao_Retratos_da_Leitura-_IPL_dez2020-compactado.pdf. Acesso em: 29 jan. 2023.

participantes em 208 municípios e revelou que a média de leitura do brasileiro é de 4,95 livros ao ano. Essa média diminui para 2,55 quando são consideradas apenas as obras que foram lidas do início ao fim.

Uma das conclusões a que chegaram os pesquisadores, na edição anterior dessa mesma pesquisa (publicada em 2016[3]), foi de que ser leitor ainda é:

> [...] uma característica significativamente associada à escolaridade, à renda e ao contexto socioeconômico no qual os indivíduos estão inseridos, o que aponta para um desafio no processo de inclusão de parte significativa dos brasileiros na população leitora [...].

Quando se percebe que há registros de pessoas em privação de liberdade lendo 36 livros por mês, 7,2 vezes mais que a média do brasileiro, a curiosidade inevitavelmente surge. O que levou essas pessoas a lerem? Perceberam alguma mudança após o início dessa prática?

Mais: quem são esses leitores cujas vozes não alcançam as ruas? Quem habita o interior daqueles muros altos que separam liberdade e confinamento? De que realidade vêm? O que sentem ao ler dentro de uma cela, rodeados por metal, concreto e vigilância? O que a leitura mudou na vida deles?

Não basta ter ouvido uma vez na vida que o Brasil tem uma das maiores populações carcerárias do mundo. É preciso

---

3 *Idem*. *Retratos da leitura no Brasil*. 4. ed. [São Paulo]: IPL, 2016. Aplicada pelo Ibope Inteligência. p. 128. Disponível em: https://www.prolivro.org.br/wp-content/uploads/2020/07/Pesquisa_Retratos_da_Leitura_no_Brasil_-_2015.pdf. Acesso em: 29 jan. 2023.

pensar em quais são as implicações e consequências de se ter 837 mil pessoas privadas de liberdade[4] em um só país. Entender que elas existem e ouvir suas histórias é um passo importante, pois o que não é conhecido causa estranhamento e acaba se tornando alvo de preconceito puro e simples, sem que haja reflexão alguma sobre questões importantes como: "Como/por que chegamos a esses números?" e "Tendo tantos presos e presas, quais iniciativas podem ser aliadas na ressocialização?". Só assim começaremos a pensar em soluções pertinentes para a situação atual das unidades prisionais brasileiras.

A cidade que existe no interior das unidades não é silenciosa, embora pareça para quem olha de fora. Não é só o giroflex que grita enquanto a viatura sai em disparada e volta povoando o lugar. Lá dentro, as grades gritam. O cinza grita. As vestes laranja gritam. Tudo grita. E tudo quer ser escutado.

Como não é possível se aproximar do barulho além dos portões, para muita gente a pauta termina ali. As reportagens policiais, em sua maioria, limitam-se a retratar os crimes cometidos, acompanhar os casos de maior repercussão e as condenações. O que vem depois? O que é feito para que as pessoas encarceradas saiam diferentes, em relação ao dia em que entraram?

Esses foram alguns dos pensamentos que me acompanharam durante cada conversa e palavra escrita, e o resultado

---

[4] BRASIL. Ministério da Justiça. Departamento Penitenciário Nacional. Sistema de Informações do Departamento Penitenciário Nacional (Sisdepen). *12º ciclo - Infopen*. [Brasília]: Depen, 2022. Disponível em: https://www.gov.br/depen/pt-br/servicos/sisdepen/relatorios-e-manuais/relatorios/relatorios-analiticos/br/brasil-junho-2022.pdf. Acesso em: 31 jan. 2022.

que obtive veio da experiência enquanto repórter que visitou a Penitenciária (unidade masculina) e o Presídio Feminino de Florianópolis — ambos no bairro Agronômica. As narrativas trazidas mostram um pouco sobre seis pessoas que estão ou já estiveram privadas de liberdade.

Para que nenhuma dessas fontes seja identificada, todos os respectivos nomes de pessoas encarceradas (e de seus familiares) foram substituídos por nomes fictícios e estão identificados com asterisco (*). O nome acompanhado de sobrenome sinaliza alguma pessoa que trabalha nas unidades ou já está em liberdade e não quis anonimato.

Por ter decidido que falaria sobre essas pessoas como os seres humanos que são, deixo claro que minha intenção não é submetê-las a mais um julgamento, e meu objetivo com este trabalho não é investigar a veracidade de suas vivências ou focar seus crimes.

Quem, afinal, habita o interior daqueles muros?

A autora

prefácio

As coragens de Amanda

Como sugere Michel Foucault, todo livro deve ser uma palavra aberta a tantas interpretações quanto se queira dar. No entender do filósofo, é grande para quem escreve a tentação de legislar sobre o resplandecer de simulacros, a vontade de ditar uma forma e uma fórmula por prescrição, carregar o texto com uma identidade própria, impor-lhe uma marca que daria a tudo um certo valor constante.

O prefácio, pontua Foucault, é o ato primeiro com o qual se começa a estabelecer a monarquia do autor. Trata-se de uma declaração da tirania, pois. Em verdade, o que ambiciona o filósofo — o mais profícuo e polivalente pensador na transição do século 20 para o 21 —, é que cada obra se fragmente, se recopie, se repita e desapareça sem que ao autor caiba reivindicar a soberania nem impor o que o livro quer dizer ou o que deve ser.

Portanto, beira o admirável o desprendimento de quem entrega os seus escritos ao escrutínio de um olhar estrangeiro antes de submetê-los ao juízo de todos. Assim o fez Amanda Bueno nesta obra repleta de coragem. Não uma só, são muitas as coragens neste livro. A coragem de conviver com pessoas “desajustadas” segundo o senso comum, a coragem de se expor ao juízo alheio, a coragem de publicar um livro num país pouco dado à leitura.

Todo livro carrega consigo expectativas e esperanças. A expectativa de que dele se faça um instrumento de um novo saber, a esperança de que não tratemos com a vil indiferença as reflexões que nos possam tornar pessoas melhores. Aí está a tessitura deste livro, uma miríade de matizes capazes de nos confrontar com o que somos e o com o que, conscientes ou não, pensamos sobre o outro. Logo, um exercício de alteridade.

A autora escapa ao julgamento rasteiro que, mesmo por descuido, se poderia fazer dos seus personagens. Eis aí a sua maior virtude, esquivar-se do risco que a muitos joga na vala dos juízes *ad hoc*. É, desse modo, uma obra aberta a tantas interpretações quanto se queira dar, basta para isso um pouco de boa vontade. O leitor está, portanto, convidado a participar. A autora replica neste livro a mágica que conduziu a ela mesma pelo caminho das escrituras, guiada antes pela leitura.

Compraz tomar às mãos um livro nascido de uma leitura, mesmo vindo de uma "passageira" peça jornalística; e que dessa leitura se fez uma escritora. Quem é do ramo reconhece o quão bonito isso é. Temos aqui uma obra a tratar da leitura e de leitores que se forjam escritores, a exemplo de Anderson, que da leitura pela liberdade encontrou um novo ofício. A literatura cumpre uma vez mais o seu papel. Um papel transformador.

Amanda, ela própria transformada pela leitura, é dessas raras pessoas de escuta sensível. Empresta ouvidos e atenção a pessoas que, a despeito do que tenham feito do lado de fora, têm muito a contar. Não se perde a humanidade apesar de trancafiado sob cadeados. Outra vez, convém dizer, a autora surpreende. Um desafio para quem vive da escrita é captar a alma humana e decodificá-la em palavras. Amanda consegue esse feito com leveza e qualidade narrativa.

As sucessivas metáforas dão à obra uma transcendência que afloram as sensações, dando-nos mais a sentir do que apenas imaginar. Amanda foi mais além, se dispôs a dar um passo adiante das coberturas policiais, que raramente cruzam os muros dos presídios, e quando o fazem chegam minadas de opiniões. Eis mais um ato de coragem de uma jovem e promissora escritora.

Não só leitores de momento, Amanda encontra nestas pessoas a alma humana que nos iguala, a despeito do magote de infortúnios que recai mais sobre um do que a outro. Há um pouco de nós nesses homens e mulheres aqui retratados, gostemos ou não. Somos equivalentes e universais nos nossos erros e acertos, desejos e ambições, sonhos e choques de realidade. Somos todos movidos pelas paixões, tal como descreve Platão.

Quantas paixões cabem nas memórias de um cárcere? Certamente a esperança de Anderson de que seus escritos abram a mente das pessoas com bons ensinamentos. Cabe a paixão de Teresa e Ricardo, cujo amor foi mediado à distância pela palavra escrita, tal uma ponte de adjetivos e substantivos erguida entre dois presídios. Cabe a abnegação de mestres entregues à missão de educar para, literalmente, libertar. Cabe a paixão por contar essas histórias todas.

Narrativas jornalísticas em primeira pessoa costumam soar egocêntricas. Não é este o caso. A autora entra na história como, digamos, um alter ego do leitor, ao descrever suas impressões, incertezas, medos e reações num ambiente em que ninguém gostaria de estar. Ao ouvir do agente penitenciário a frase "Bem-vinda ao inferno!", Amanda poderia ter dado meia-volta, mas não o fez. E, enfim, temos aqui o resultado das muitas coragens de Amanda.

Mauri König, o sexto jornalista mais premiado da história do Brasil de acordo com o ranking +Premiados da Imprensa Brasileira 2022. Vencedor de prêmios como Maria Moors Cabot Prize (premiação mais antiga do jornalismo internacional, concedida pela Columbia University), Global Shinning Light Award, Prêmio Esso de Jornalismo (por duas vezes) e Prêmio Vladimir Herzog de Anistia e Direitos Humanos (por duas vezes).

sumário

capítulo

01 | bem-vinda ao inferno!

Como começar pelo início,
se as coisas acontecem
antes de acontecer?
(Clarice Lispector, A hora da estrela)

"Bem-vinda ao inferno!"

É a primeira frase que ouço do agente penitenciário quando chego à ala "Interna" da unidade. Soa como um recado que faz com que a vontade de vasculhar o lugar com os olhos seja inevitável. Percebo que o espaço é uma imensa repetição de elementos monocromáticos. Tudo é cinza.

O contraste entre o interior e o exterior do Complexo Penitenciário de Florianópolis chama atenção. Os moradores da capital se acostumaram a ver cores vibrantes por toda a cidade. A arte de rua nos murais que homenageiam Antonieta de Barros, Franklin Cascaes e Cruz e Souza colore a cidade de alegria. O azul das praias e do céu em dia ensolarado, os milhares de guarda-sóis no verão que povoam as areias — é tudo muito diferente do que vejo agora. De fora, fica difícil imaginar todo o cinza que existe dentro dos muros onde ficam reunidos os presidiários.

O acinzentado corre por todos os lados: nas escadas, nos metais, no piso. Para chegar até ali, passo por uma sequência de corredores ladeados por grades grossas. Uma das primeiras é clara, quase branca, estreita, e o restante delas volta ao cinza usual. Parecem uma extensão do céu carregado, que no dia da minha visita escorre sem parar.

Na segunda vez que entro para entrevistar os detentos, faz sol, mas o cinza continua preenchendo tudo com melancolia. Percebo, enquanto faço esse mesmo trajeto, espaços diferentes — mas sempre fechados — que na outra passada não percebi. Em um deles ocorre visita, e o clima é totalmente distinto de todos os lugares que conheci lá dentro. Os detentos sorriem sentados em bancos que se estendem por todas as paredes, nos quatro cantos da sala.

Estão com seus familiares, amores e filhos. Um abraça uma criança que pula em seus braços; parece feliz. Outro aproveita o tempo para mostrar a urgência do afeto reprimido — beija com pressa e intensidade a parceira, e se entrelaçam como só os apaixonados sabem fazer. Enquanto estes mal percebem a minha presença, alguns dos outros olham desconfiados. Estou rodeada de agentes penitenciários, afinal.

Na ala interna, há uma mesa a que se sentam homens encarregados pela segurança, e nas laterais consigo ver duas divisões: Norte e Sul. É onde ficam as celas. Imagino que escondam, atrás das portas grossas com portinholas por onde passa a comida, rostos com expressões totalmente diferentes das que vi há pouco recebendo visitas. Aquelas não tive oportunidade de encarar.

Subo algumas escadas, também cercadas. Elas têm seus degraus vazados, para que os agentes possam estar atentos a qualquer um que transita e tudo que acontece o tempo todo. Eles vestem preto, e suas roupas parecem pesadas por carregarem uma quantidade enorme de bolsos grandes. Os coldres e coturnos militares dão um ar ainda mais carregado a todo o conjunto.

Finalmente chegamos a um corredor que conduz à sala de aula da Interna. O labirinto parece interminável, e há uma enorme sucessão de portas pesadas que se fecham assim que passamos por elas. Quando batem, o barulho suprime o silêncio numa sinfonia metalizada angustiante.

O agente que me acompanha abre a última tranca grossa de ferro e gesticula para que eu entre, com o professor Adailson Leal. Atrás de nós, ouço mais uma vez o barulho característico dos metais se chocando e sei que estamos, por ora, presos também — mas agora na sala de aula.

À nossa frente, uma mesa quase encosta em uma grade cinzenta. O tom é escuro, e se apequena quando o laranja dos uniformes invade o ambiente. Os detentos estão sentados à carteira, e observo que há uma série de números estampados na barra da calça de cada um, na perna direita. A cor das vestimentas é viva como uma placa de sinalização de trânsito, e quebra totalmente o silêncio visual cinzento destacando os seres humanos que estão ali em privação de liberdade. Eu não sabia o nome deles, só sabia seus números.

O professor Adailson começa a aula. Ele tem cabelo bem curto, preto, e bigode. Usa óculos, e mantém uma postura bastante ereta. Rege as palavras e os gestos como um maestro rege uma orquestra.

Separa na mesa 18 canetas, contadas rigorosamente mais de uma vez. É uma para cada um dos detentos, todas devem ter tubos transparentes e nenhuma pode estar com tampa. Passa o braço pela primeira grade com o material. Do outro lado, um interno também se projeta para a frente, encosta na grade do lado de lá, estende o braço e as recolhe. Presumo que o espaço entre a primeira e a segunda grade que separam aluno e professor seja de pelo menos um metro, e as mãos demoram um pouco para se encontrar.

"Professor, a minha não pega. Tem outra?", alguns deles dizem, enquanto sacodem os tubos no ar e tentam rabiscar mais uma vez. As substituições são rápidas e cirúrgicas — é claro que Adailson era prevenido e tinha trazido mais canetas do que o mínimo necessário. Assim que se aproximam do ferro novamente, o professor recolhe as canetas falhadas e entrega as novas. Passa pela grade também as avaliações, que são sempre no mesmo estilo: uma folha avulsa com cabeçalho e 30 linhas enumeradas. Os reeducandos, como são chamados pelos professores, devem preencher ao menos 20 delas para terem suas resenhas avaliadas.

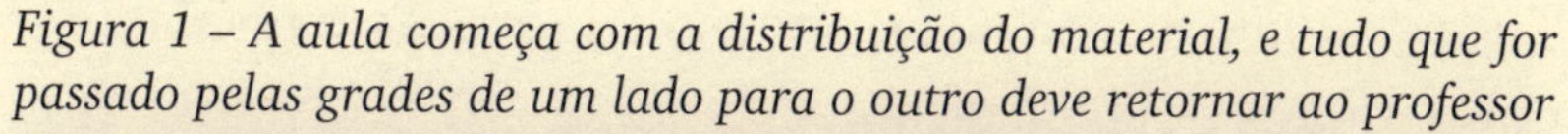

Figura 1 – A aula começa com a distribuição do material, e tudo que for passado pelas grades de um lado para o outro deve retornar ao professor

Fonte: foto da autora (2019)

Os detentos colocam o nome completo, a data em que estão redigindo o texto, seu número de Ipen e da matrícula do Centro de Educação de Jovens e Adultos, o Ceja. Abaixo, escrevem qual é o título e o nome do autor da obra lida naquele mês.

Eles estão ali para tentar diminuir o tempo de permanência no cárcere. Se suas notas forem consideradas satisfatórias, alcançando a média, podem ter remição de até quatro dias de pena a cada mês que lerem um livro e entregarem uma resenha. Geralmente, o intervalo entre as aulas destinadas a essa iniciativa, chamada Despertar pela Leitura, é de 21 a 30 dias.

A aula consiste na realização da redação em sala, não em períodos de explicação de conteúdo. O professor, após entregar a folha de avaliação a ser preenchida, se encarrega de também disponibilizar a resenha corrigida do mês anterior. Essa correção vai além das sinalizações em caneta vermelha — os internos também recebem recados personalizados que indicam a cada aluno quais foram seus pontos satisfatórios e em quais aspectos precisa melhorar seus textos.

Figura 2 – As resenhas do mês anterior são disponibilizadas enquanto os reeducandos redigem a redação atual. O verso geralmente leva um recado com elogios, críticas e/ou sugestões dos professores

Fonte: foto da autora (2019)

A partir do feedback, os reeducandos podem utilizar o tempo da avaliação para tirar dúvidas, enquanto realizam as novas redações. Ao fim da aula, devolvem todo o material que tiverem em mãos: tanto as duas resenhas (a corrigida e a que acabaram de escrever) como a caneta. Tudo que foi disponibilizado deve ser, irrevogavelmente, devolvido.

De acordo com último levantamento publicado pelo Departamento Penitenciário Nacional (Depen), do Ministério da justiça e Segurança Pública, a população carcerária em todo o estado de Santa Catarina corresponde a 26,9 mil pessoas[5], entre homens e mulheres. Destes, 9 mil presidiários e presidiárias estão matriculados em programas de remição pelo estudo por meio da leitura. À época da realização deste trabalho, em 2019, eram 5,5 mil participantes[6].

Quando se fala em um panorama nacional, chegam a quase 100 mil as pessoas privadas de liberdade que optam por integrar projetos voltados à remição pela leitura.

Para conseguir efetivamente diminuir a pena, não basta que um apenado leia um livro. Ele deve provar que leu — por isso, deve redigir a resenha em que fala dos personagens, do enredo e fazer suas considerações sobre a obra como um todo. Para ser aprovado na primeira etapa, pelos professores, e ter a chance de remir a pena, a nota da redação deve atingir a média 6. Quando isso acontece, seu texto é encaminhado ao juiz da Vara de Execuções penais, que faz uma nova avaliação e decide por conceder ou não a remição. Nesse projeto, cada interno e interna pode ler até 12 livros por ano com chance de diminuir sua pena, o que resulta em redução de até 48 dias de prisão.

---

5 *Ibidem*.

6 SANTA CATARINA. Secretaria de Estado da Administração Prisional e Socioeducativa. Departamento de Administração Prisional. *Santa Catarina tem 5,5 mil presos no projeto Despertar pela Leitura*. [Florianópolis]: Polícia Penal de Santa Catarina, 23 set. 2019. Disponível em: https://www.policiapenal.sc.gov.br/index.php/noticias/685-santa-catarina-tem-5-5-mil-presos-no-projeto-despertar-pela-leitura. Acesso em: 5 dez. 2019.

Caso deseje fazer mais leituras, pode solicitar livros via memorando.

Além do professor Adailson, o Complexo Penitenciário de Florianópolis, no bairro Agronômica, contava com outras duas educadoras responsáveis pelas aulas destinadas ao projeto em 2019: Fernanda Aparecida Róhden e Gabriela Souza Schebella. O trio corrigia, à época, os textos de cerca de 300 reeducandos e reeducandas a cada mês.

* * *

Figura 3 – O professor Adailson dispõe os livros selecionados em sua mesa para que cada detento escolha, ao fim da aula, sua próxima leitura

Fonte: foto da autora (2019)

Os dados mais recentes do Departamento Penitenciário Nacional apontam que 837 mil pessoas estão atrás das grades no Brasil. É a terceira maior população carcerária do mundo — só perde para os EUA e a China. Para se ter uma ideia, a capital de Santa Catarina, Florianópolis, atingiu a marca de 574 mil habitantes em 2022. Nem Joinville, a cidade mais populosa do estado, chega perto desse número — tem quase 618 mil.

Além de Florianópolis, outras oito capitais têm uma população inferior à quantidade de presos no país. É como se trancafiássemos os estados do Amapá ou de Roraima inteiros, já que têm 774 mil e 634 mil moradores[7], respectivamente. Ou como se todos os 832 mil habitantes de São Bernardo do Campo[8], em São Paulo, estivessem atrás das grades.

Quando olhamos para os números de décadas anteriores, percebemos que o crescimento acentuado preocupa: em 2010, o Brasil contava com uma população prisional equivalente a 496,3 mil. Dez anos antes, em 2000, eram 232,8 mil os presidiários e as presidiárias no país[9].

Do começo do novo século, em 2000, ao último levantamento divulgado, de 2022, o crescimento da população carcerária foi de cerca de 260%.

---

7 INSTITUTO BRASILEIRO DE GEOGRAFIA E ESTATÍSTICA (IBGE). *Prévia da população calculada com base nos resultados do Censo Demográfico 2022 até 25 de dezembro de 2022*. [Rio de Janeiro]: IBGE, 2022b. Disponível em: https://ftp.ibge.gov.br/Censos/Censo_Demografico_2022/Previa_da_Populacao/POP2022_Brasil_e_UFs.pdf. Acesso em: 31 jan. 2023.

8 *Ibidem*.

9 BRASIL. Ministério da Justiça. Departamento Penitenciário Nacional. *Levantamento nacional de informações penitenciárias Infopen*: junho de 2014. [Brasília]: Depen, 2014. Disponível em: https://www.justica.gov.br/news/mj-divulgara-novo-relatorio-do-infopen-nesta-terca-feira/relatorio-depen-versao-web.pdf. Acesso em: 6 fev. 2023.

Caso continue com crescimento anual estimado pelo Depen, as prisões nacionais devem atingir 1,5 milhão de habitantes em 2025[10].

Se tantas são as centenas de milhares de pessoas que estão nesta situação atualmente, e o número só cresce a cada ano, por que existe tanto desconhecimento acerca de quem são os que ficam atrás das grades que separam as unidades prisionais do restante da sociedade?

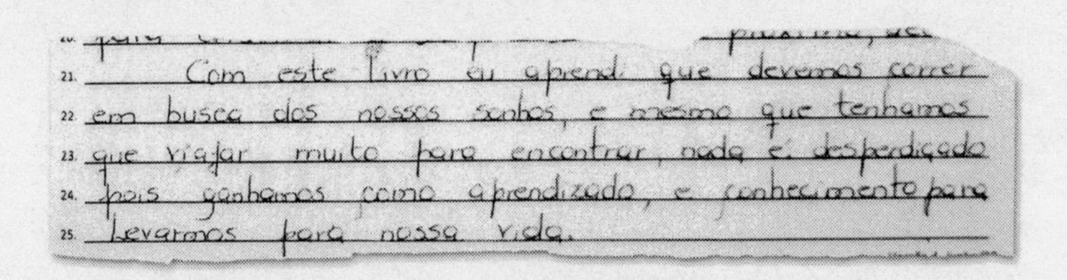

21. Com este livro eu aprendi que devemos correr
22. em busca dos nossos sonhos, e mesmo que tenhamos
23. que viajar muito para encontrar, nada é desperdiçado
24. pois ganhamos como aprendizado, e conhecimento para
25. Levarmos para nossa vida.

Transcrição: "*Com este livro eu aprendi que devemos correr em busca dos nossos sonhos, e mesmo que tenhamos que viajar muito para encontrar, nada é desperdiçado pois ganhamos como aprendizado, e conhecimento para levarmos para nossa vida*".

[10] NASCIMENTO, Stephany. Sistema carcerário brasileiro: a realidade das prisões no Brasil. *Politize!*, [Florianópolis], 10 mar. 2022. Disponível em: https://www.politize.com.br/sistema-carcerario-brasileiro/. Acesso em: 31 jan. 2023.

Eu entendi que o livro ajuda a superar a depressão
2. estresse, Angústia, Vícios, e pensamentos negativos e
3. ajuda a Confiar em Deus, quero falar um exemplo
4. de mim mesmo, uns dias atrás fiquei triste
5. e agustiado porque minha esposa estava sem dinheiro
6. para me Visitar, então fiquei muito mal e desani-
7. mado e até parei de ir aos pátios fazer exercícios
8. físicos, Só queria ficar na cama deitado e com
9. maus pensamentos, perdi muitas noites de sono, eu
10. comecei a ficar tremendo e a ficar com pensamentos
11. de desistir da escola e da remissão do livro e não
12. ir mais na Visita da minha mãe, e nem da minha
13. esposa mais, estava com a mente bem negativo.
14. Então tive aula da professora Luciane de Ed. física e ela
15. deu aula sobre o Sedentarismo que fala sobre a depressão, e
16. eu vi que estava me tornando uma pessoa depressiva e comecei a
17. mudar, tomar Sol, jogar futebol, comecei ir aos Cultos, comecei
18. a se alimentar melhor, e ter pensamentos positivos, e melhorei o
19. meu Bem estar emocional. O livro fala sobre ter uma
20. boa saúde e ficar ao lado de Deus, porque Deus é como
21. saúde, paz, Justiça, liberdade, sabedoria, Esperança, Deus
22. em primeiro lugar sempre, se seguimos os caminhos do
23. Celestial nunca vamos ficar na depressão, nos
24. Vícios, na Angústia e com pensamentos negativos porque
25. Deus é só Positividade e muita luz e esse texto

Versão 4_Jun

Transcrição: "*Eu entendi que o livro ajuda a superar a depressão, estresse, angústia, vícios e pensamentos negativos e ajuda a confiar em Deus, quero falar um exemplo de mim mesmo, uns dias atrais fiquei triste e angustiado porque minha esposa estava sem dinheiro para me visitar então fiquei muito mal e desanimado e até parei de ir aos pátios fazer exercícios físicos, só queria ficar na cama deitado e com maus pensamentos, perdi muitas noites de sono, eu comecei a ficar tremendo e a ficar com pensamento de desistir da escola e da remissão do livro e não ir mais na visita da minha mãe e nem da minha esposa mais, estava com a mente bem negativa. Então tive a aula da professora Luciane de Ed. física e ela deu aula sobre sedentarismo que fala sobre a depressão, e eu vi que estava me tornando uma pessoa depressiva e começei a mudar, tomar Sol, jogar futebol, começei ir aos cultos, comecei a se alimentar melhor, e ter pensamentos positivos, e melhorei o meu Bem-estar emocional. O livro fala sobre ter uma boa saúde e ficar ao lado de Deus, porque Deus é amor saúde, paz, Justiça, liberdade, sabedoria, Esperança, Deus em primeiro lugar sempre, se seguimos os Caminhos do Celestial nunca vamos ficar na depressão, nos Vícios, na Angústia e com pensamentos negativos porque Deus é só Posetividade e muita luz e esse livro [...]*".

capítulo 02

de tragédia já basta a minha vida

João José era o único que lia
correntemente entre eles e, no entanto,
só estivera na escola ano e meio. Mas
o treino diário da leitura despertara
completamente sua imaginação e talvez
fosse ele o único que tivesse uma certa
consciência do heroico de suas vidas.
(Jorge Amado, Capitães da areia)

Os barulhos da prisão são vários. Compõem uma sinfonia metálica estranha ao visitante de primeira viagem. Se, de fora, não fazemos ideia de quem habita aquele lugar, muito menos sabemos quais ruídos circulam por seus pátios e corredores. O silêncio que imaginamos existir dá lugar a uma melodia intimidadora. São grades que correm e se chocam em estrondos, crianças que choram no colo das respectivas mães durante as visitas, chinelos que arrastam e estalam forte no chão e de volta na sola do pé. Tudo ao mesmo tempo, sem intervalo. Não são sons que tranquilizam os ouvidos, mas que mantêm os olhos alerta, os músculos contraídos e um desconforto constante — ao menos para quem não está acostumado a estar ali.

Assim que entram no ambiente prisional, os visitantes que não param de passar no largo corredor se despedem do que mais lhes pertence: sua identidade. Devem vestir-se e calçar-se todos iguais. Deixam de ser Maria, Elisa ou Tatiana. Pelo tempo que passam ali, tornam-se substantivos: visitantes. Todos com roupas de cores claras e chinelos brancos, de preferência, nunca com roupas escuras e calçados fechados.

Eu mesma fui alertada de que deveria me vestir assim. Caso aparecesse com o preto que os agentes penitenciários usam, poderia ser confundida e considerada pelos detentos como "uma deles", e isso não seria bom em uma eventual confusão, possível rebelião ou mesmo para uma primeira impressão durante as entrevistas.

Vejo muitas das visitantes passarem enquanto espero na sala de identificação. O ambiente carrega características comuns às unidades prisionais estaduais: as paredes brancas têm faixas com o verde e o vermelho que lembram a bandeira de Santa Catarina. A tonalidade mais vibrante é a da cadeira de madeira onde estou sentada, que é de caramelo forte. Ao meu lado, há uma mesa na qual um agente da área da educação faz seus trabalhos no computador. Ele é o encarregado de supervisionar as minhas entradas, e só posso acessar a penitenciária na presença dele, debaixo de seu olhar. "Tens que ficar colada em mim", enfatiza ele várias vezes.

Na parede à minha frente, posso ver uma régua, o cenário que é usado nas fotos registradas para o cadastro no Ipen, o banco de dados do sistema oficial do Estado. Talvez essa régua seja um dos elementos mais fáceis de imaginar — é bastante parecida com a dos filmes. Assim que a vi, a memória trouxe lembranças de cenas cinematográficas clássicas e colocou algum personagem qualquer a me encarar com uma carranca. Parecia que podia vê-lo sendo fotografado de frente e de perfil, segurando uma plaquinha com um número de matrícula.

Imaginei a explosão do flash antigo, o som da captura da imagem — igualzinho como acontece nas ficções de TV. Quando deixasse a fantasia de lado, entenderia que esse momento não é acompanhado de trilha sonora animada, ousada ou de suspense. O clima de faroeste cederia espaço a um agente que fotografaria e a um detento que seria fotografado, simplesmente, e este último não estaria nem um pouco contente por estar ali. A câmera tampouco seria de grandes proporções — na verdade, seria uma digital compacta.

Corta!

Realidade e imaginação se chocam. Esta última desaparece tão rápido quanto me veio à cabeça minutos atrás, interrompida pela apresentação de Anderson*. Ele para em frente à porta de cabeça baixa. Está algemado, usa um moletom laranja e chinelos. Ele é negro de pele clara, tem olhos escuros e estatura mediana. Percebo que sua calça foi remendada, e logo descubro que foi ele quem costurou. Tem praticado artesanato quando pode — e da maneira que dá.

Há uma cadeira, a mais ou menos 1 metro de mim, que estava à espera dele e dos outros presidiários com quem conversarei nesta tarde de sábado. Ele é um dos 1.555 homens que estão presos na Penitenciária de Florianópolis enquanto realizo este trabalho, em novembro de 2019[11].

---

[11] Dado fornecido durante a apuração para este livro-reportagem, diretamente pela Secretaria de Estado da Administração Prisional e Socioeducativa (SAP) do Governo do Estado de Santa Catarina em 9 de dezembro de 2019. Em 2023, o ano de publicação deste livro, este número subiu para 1.654, de acordo com dados fornecidos para este trabalho pelo Departamento de Polícia Penal do Estado de Santa Catarina.

Mesmo confinado, Anderson tem esperança. Cansou de dar de cara com portas fechadas por ter cometido os crimes que cometeu. Desta vez, pensa que está conseguindo conhecimento suficiente para mudar de vida e construir um futuro. Não quer mais voltar para o mundo do crime, e repete isso com convicção várias vezes durante a nossa conversa.

"Um passo de cada vez".

Ele faz questão de enfatizar. Tem sido assim desde que decidiu pela mudança. Eu não fazia ideia de que, por trás daquele homem sereno, havia outro Anderson, uma versão anterior a essa, que era tão diferente do que se apresentou a mim. Mas ele existia, e fora descrito por esse novo Anderson que hoje ocupa seu lugar.

A cabeça estava sempre a mil. Sentimentos, emoções, movimentos. Tudo estava preso nele, em seu corpo e em sua cabeça, sem ter para onde expandir dentro da cela. Anderson só falava a língua "da gíria", e se frustrava quando as pessoas ao redor não eram capazes de desvendar o que queria dizer. Essa era uma das razões que o faziam arranjar brigas e ser considerado um "preso problemático" na penitenciária.

Ao não conseguir fazer-se entender pelos agentes de segurança, desafiava o que é um dos objetivos do sistema prisional brasileiro atualmente: a manutenção da ordem. Brigava, se metia em confusões e, ao se exaltar, chutava as portas. "Piorava ainda mais a minha situação, ia para um castigo pior ainda. Geralmente eram dez dias no pátio e um mês todo no castigo, de tanto castigo que levava".

Não conseguia enxergar uma vida diferente da que tinha naquele momento, cercado não só de metal e concreto como também das más companhias, como ele mesmo classifica. Não sabia que aquela vida não lhe parecia suficiente, mas um dia descobriu. E descobriu que a cela era muito pequena para seus anseios.

Os 4 metros quadrados começaram a deixá-lo louco. Eram só ele e o espaço vazio. Era pouco para seus sentimentos, para suas emoções e seus movimentos, que queriam ultrapassar aquelas paredes. Para sua vontade de mudar. Estava cercado de si — o que já era bastante tumulto —, das grades e do mesmo cenário todos os dias.

Percebeu que havia um jornal ali, naquele cubículo. Pegou. Leu. Releu. Leu mais uma vez. Leu "umas quinhentas vezes". Assim que ele termina de pronunciar essas três palavras, consigo sentir em sua voz toda a angústia que carrega com essa lembrança solitária. Foram tantas as releituras que decorou.

Por que alguém decoraria notícias? Pois ele decorou. Guardou as reportagens de trás para a frente na memória e decidiu que, na hora do café, tentaria a sorte e pediria por mais do que um jornal velho.

"Ô, seu agente, tem como o senhor me fazer o favor de trocar esse jornal aqui por uma revista? Porque esse aqui eu já decorei".

O homem fardado pegou o exemplar e decidiu tirar a prova, já que aquela informação soou quase como piada para ele. Por que alguém decoraria um jornal? Pior ainda: por que justamente *aquele* preso, que já tinha gerado tanta confusão e levado tantas medidas disciplinares por isso, desejaria *ler*?

"Tá, e o que que tá escrito aqui na primeira página?", retrucou, certo de que a conversa terminaria ali.

A reportagem policial pulou da ponta da língua de Anderson para o dedo indicador do homem de preto, que avançava nas linhas do jornal conforme as palavras batiam com as informações que lhe eram repassadas pelo detento.

E não é que ele tinha decorado mesmo?

A notícia que Anderson recitou expunha dados relacionados à violência na Grande Florianópolis, e de desgraça ele já estava de saco cheio. "De tragédia já basta a minha vida", desabafou para mim baixando o tom de voz, em uma expiração rápida. Não queria mais ouvir falar nisso — queria outros conhecimentos para lhe fazerem companhia.

Convencido, e até emocionado ao perceber quanto Anderson mostrava a vontade de ler, o agente trouxe a ele uma revista. Era uma grande novidade naquelas circunstâncias. Fez o jovem ficar satisfeito, afinal, além de ser um conteúdo novo, teria a vantagem de ser mais duradouro que o que tinha antes.

Mas não foi o suficiente: Anderson estava faminto e sedento — inusitadas fome e sede de conhecimento, talvez.

Ambas haviam chegado para ficar, e a revista não fora o suficiente para barrar sua memória: tatuou-a nos pensamentos também, assim como fez com seu velho jornal. Sua sorte era que tinha recebido uma mensagem tranquilizadora do mesmo homem que fornecera o periódico mais cedo: se quisesse mais (e ansiava por isso), no próximo plantão o agente daria um jeito de conseguir alguma outra leitura.

Cumpriu. Dessa vez, trouxe-lhe uma Bíblia Sagrada. Aquela seria sua, não precisaria devolver como acontece com os outros livros, e teria um longo caminho pela frente se decidisse decorá-la também.

Decorar, não o fez dessa vez, mas leu por inteiro, e mais de uma vez, a obra mais vendida de todos os tempos no mundo.

Começou a ordenar seus pensamentos, acalmar a cabeça e, dentro dela, o barulho que antes não o deixava em paz. O mundo se expandiu quando topou com aquelas palavras que, mesmo escritas há tanto tempo, eram tão novas para ele. As letras miúdas, folhas finas e frágeis como pétalas foram o seu marco — o que dividiu sua vida entre o Anderson-não-leitor e o Anderson-leitor-voraz.

vez".

de cada

passo

"Um

Foi assim, aos poucos, que foi conseguindo mais oportunidades de entrar em contato com obras literárias e, hoje, tem "um monte de livros para ler", como gosta de ressaltar. No início, pedia livros por memorando. É a forma que os detentos têm de conseguir acesso à literatura quando não participam do projeto Despertar pela Leitura, que faz a remição de pena. Após preenchê-lo, deve esperar. O processo pode ser demorado, e o livro pode levar semanas para chegar ao apenado.

Uma iniciativa que também possibilita o acesso a obras literárias sem a necessidade de memorando é o Procedimento de Inserção dos Reclusos à Leitura, o Piral. De 2017 a 2018, era um projeto, que foi implantado e hoje é uma prática recorrente. São livros da biblioteca cuja leitura não resulta em remição — é feita apenas por prazer. Todos os meses, remessas são entregues aos internos de diversas alas do complexo penitenciário — desde a Cozinha até a ala de Segurança Máxima. Nesta última, as entregas são feitas quinzenalmente, tendo em vista que não é possível que os confinados nessa área participem de atividades que proporcionem redução de pena.

Embora haja uma crescente demanda por empréstimos, cada livro precisa passar por vistoria antes de chegar às mãos dos apenados — e também ao retornar. A biblioteca é um ambiente que não pode ser acessado livremente por detentos e detentas que queiram visitá-la. Para que um livro chegue a essas pessoas, um scanner — muito parecido com os utilizados em aeroportos — é encarregado de investigar o conteúdo físico interno de cada livro, que passa por ele e mostra uma espécie de raio X. Caso detecte algum metal ou objeto não identificado que pareça suspeito, uma tela acusa a localização do material para que seja minuciosamente inspecionado pelos agentes e retirado.

Anderson pediu um, depois outro e outro. A disposição à leitura não passou despercebida: logo foi convidado a participar do Despertar pela Leitura. Uma das professoras explicou, durante as aulas de ensino regular das quais ele também participava, que os testes para incluir novos internos seriam feitos logo, e Anderson decidiu tentar. Se já estava lendo, melhor ainda seria se o processo pudesse ajudá-lo a sair mais rapidamente da prisão, afinal.

Mas não seria fácil. O número de vagas aumenta a cada semestre, mas elas não são ilimitadas.

"Teve uma seleção, tinham duas vagas pra umas 15 ou 20 pessoas. Tinha que fazer um resumo de um texto, e os que tirassem a maior nota entravam. Eu fui um deles. Ali eu consegui entender o quê? Que eu querendo, eu buscando, eu consigo. Isso me ajudou a estar hoje na leitura do livro, estudando. Eu tô buscando isso pra mim: tô me afastando das coisas ruins e tô focando nas coisas boas", Anderson conta, orgulhoso das conquistas que alcançou.

Além da remição de até quatro dias a cada mês por meio da resenha com nota superior a 6, ele quis ir além. O amor pelos livros engrandeceu e transbordou. As palavras escorreram por seus braços, chegaram às mãos e foram despejadas em páginas em branco que recebeu em sua cela: hoje, Anderson está escrevendo seu próprio livro.

Reuniu em um caderno uma linha do tempo com sua trajetória. Quer contar a história de sua vida em ordem cronológica. Ainda está escrevendo sobre 2012, mas quer mesmo é terminar sua primeira obra até o fim de 2019. Tem dias em que não escreve nada, e outros em que a inspiração o leva a redigir pelo mês inteiro.

Até o último momento em que nos falamos, no fim de novembro de 2019, Anderson já havia escrito 340 páginas desde que começou; há dez meses.

Agora, planeja fazer uma autoavaliação minuciosa do trabalho. Atesta que ainda tem um longo caminho pela frente em sua redação, pois na revisão deve lapidar e excluir muitas das palavras, como já vê que faz de vez em quando. "Eu mesmo já tô relendo e corrigindo meu livro", analisa batendo no peito. Sente que tem adquirido cada vez mais capacidade para isso, o que é estimulante para ele.

Anderson participa, além da remição por leitura, também do ensino regular na penitenciária. O fato de estar em contato frequente com os conhecimentos passados em sala de aula lhe proporciona a oportunidade de aprender cada vez mais para estruturar o seu livro e saber como contar uma narrativa. O objetivo dele, ao escrever, não é entrar para a ficção — ao menos não agora. Por ora, sua missão é sensibilizar algumas pessoas e alertar outras para poupá-las de transitar pelas mesmas desventuras que foram parte de sua realidade.

“Eu quero escrever para abrir a mente das pessoas que não passaram pelo que eu passei, e para não chegarem a passar pelo que eu passei. Muitos, hoje em dia, não têm acesso à leitura — às vezes por não terem [acesso à] educação e estarem correndo por aí, pelas ruas. Mas, uma hora, essa pessoa vai pegar meu livro, vai ler e vai se identificar com aquela história. Ela vai ver e pensar “essa história tá se parecendo com a minha. Se eu seguir por esse lado, vou passar por tudo isso aqui”.

Acredita que sua obra servirá também para as pessoas que já estão formadas academicamente, que tiveram amplo acesso à educação — uma vez que, ao lerem, poderiam ter um melhor entendimento do que uma pessoa encara quando não tem a oportunidade de estudar, como foi o seu caso.

A autobiografia de Anderson não trataria só dele, tendo em vista que também representaria a realidade de muitos outros jovens negros que, como ele, compõem 67,5% da população carcerária brasileira[12]. Os brancos, por sua vez, representam 29% das pessoas em privação de liberdade. No Brasil, 43% das pessoas se declararam brancas; e 56,1%, negras[13].

As situações pelas quais Anderson passou não são incomuns no país atualmente, e é por isso que seu livro seria

[12] FÓRUM BRASILEIRO DE SEGURANÇA PÚBLICA. *Anuário brasileiro de segurança pública 2022*. Coordenação de Samira Bueno e Renato Sérgio de Lima. [São Paulo]: Fórum Brasileiro de Segurança Pública, 2022. Disponível em: https://forumseguranca.org.br/wp-content/uploads/2022/06/anuario-2022.pdf?v=5. Acesso em: 31 jan. 2023.

[13] INSTITUTO BRASILEIRO DE GEOGRAFIA E ESTATÍSTICA (IBGE). *Pesquisa Nacional por Amostra de Domicílios Contínua (Pnad Contínua)*: características gerais dos moradores 2020-2021. [Rio de Janeiro]: IBGE, 2022a. Disponível em: https://biblioteca.ibge.gov.br/visualizacao/livros/liv101957_informativo.pdf. Acesso em: 6 fev. 2023.

tão abrangente. A ordem dos fatos muda, mas a história se repete, já que são 62,5 milhões de brasileiros vivendo abaixo da linha da pobreza (29,4% da população) e, destes, 17,9 milhões vivem em condições de extrema pobreza (8,4%)[14].

Os critérios do Banco Mundial são claros: as famílias que vivem na pobreza são aquelas que têm menos de US$ 5,50 por dia para sustentar todos que vivem sob o mesmo teto — o que equivalia a uma renda mensal per capita de R$ 486 em 2021. Já as famílias extremamente pobres são aquelas que dispõem de menos de US$ 1,90 por dia para viver — uma renda mensal per capita de apenas R$ 168.

Esses dados mostram que existem muitos fatores que se interpõem entre as pessoas e os livros, ou a educação de um modo geral. Um deles é o acesso, já que as prioridades de alguém que vive com tão pouco não tendem a ser ligadas ao investimento em leitura, mas à própria subsistência.

Se não há dinheiro, muitas vezes o crime espera "de braços abertos", como disse um dos outros presidiários com quem conversei. No caso de Anderson, a prisão aconteceu por tráfico de drogas e roubo, assim como uma grande parcela dos homens e mulheres que estão no complexo penitenciário da Agronômica, em Florianópolis.

* * *

[14] SILVEIRA, Daniel. Extrema pobreza bate recorde no Brasil em dois anos de pandemia, diz IBGE. *G1*, Rio de Janeiro, 2 dez. 2022. Disponível em: https://g1.globo.com/economia/noticia/2022/12/02/extrema-pobreza-bate-recorde-no-brasil-em-dois-anos-de-pandemia-diz-ibge.ghtml. Acesso em: 6 fev. 2023.

Foram tantos os altos e baixos em sua vida que Anderson associa a própria história a um ioiô. Desde cedo cometia pequenos delitos. Roubava, traficava, vandalizava. Era levado com frequência ao Conselho Tutelar.

A primeira vez que foi apreendido tinha apenas 11 anos. Viu o irmão, um ano mais velho, sendo levado à delegacia e, com medo de deixá-lo sozinho, decidiu que mentiria para os agentes. Naquele dia, Anderson anunciou aos policiais ter 12 anos — me disse que só assim seria apreendido como menor infrator.

Ainda se lembra da máquina de escrever cravando alto cada tecla, anunciando que, sim, um documento estava sendo escrito denunciando o comportamento dos dois meninos.

A presença do pai em casa não existia. A mãe era a única fonte de sustento para ele e os cinco irmãos. Ao se lembrar disso, logo surge outra lembrança relacionada à paternidade. "Uma coisa que quero fazer quando sair daqui é registrar [os meus filhos]. Não cheguei a registrar, porque fui preso. A presença de um pai é tudo na vida de uma criança", acredita Anderson.

Cida*, sua mãe, fazia de tudo sozinha para que nada faltasse. Vivia trabalhando como empregada doméstica, e isso não permitia que ela pudesse acompanhar o crescimento dos filhos ou ter algum controle sobre o que faziam dentro ou fora de seu teto. Ao início de cada mês, o saldo de sua conta era de cerca de R$ 400 ou R$ 500 de salário e parcelas gordas de preocupações com os filhos. Muitas vezes era o Conselho Tutelar que batia a sua porta com suas crianças.

"Tinha muita gente envolvida com o crime perto da minha casa. Desde criança eu comecei a ir para as coisas erradas", recorda Anderson. Lembra-se de ter começado a se envolver com drogas aos 7 ou 8 anos, e andar armado aos 12 — mesma idade em que decidiu parar de estudar. Para ele, essas duas coisas eram rotina. "Como era muito pequeno, eu não tinha muito conhecimento. Me deixei levar por impulsos. Foi quando joguei a mochila no mato de vez", acrescenta Anderson, se referindo ao dia em que abandonou a escola.

Só conseguiu começar o ensino fundamental aos 16 e, finalmente, retomou seus estudos nas unidades prisionais. "Eu não achava que passava dos 25 anos. E vou fazer 30. Não tem só o lado mau que impera. **Se hoje eu não tivesse o aprendizado, poderia estar morto**".

Em nenhum momento de nossa primeira conversa, foi possível esquecer que Anderson estava preso. Primeiro, por causa dos barulhos que já havia percebido antes de ele entrar na sala e que nos acompanharam durante toda a entrevista. As grades continuaram a bater, as visitantes com suas crianças continuaram a passar pelo corredor.

Segundo, porque as mãos de Anderson não deixavam dúvidas de que era um detento: as algemas, que permaneceram em seus pulsos durante toda a nossa interação, reluziam como um espelho que reflete a luz conforme viramos para um lado e para o outro. O som que elas produziam era surpreendente, muito diferente do que eu esperava. Pensava que, quando ele movimentasse as mãos, elas fariam uma sinfonia metálica clássica, que o ouvido já espera. Mas não. Tudo o que escutava eram cliques, como se ele estivesse em um computador, mexendo em um mouse freneticamente.

Clique. Clique.

Clique.

Clique. Clique.

Clique

Clique. Clique.

Clique. Clique. Clique.

Clique. Clique.

Clique. Clique.

Clique. Clique.

Era difícil não prestar atenção aos sons.

Quando Anderson saiu da sala, perguntei ao agente que supervisionava a nossa conversa sobre uma Medida Disciplinar (MD) que ele havia citado durante a entrevista. O projeto Despertar pela Leitura só admite detentos com "bom comportamento" no sistema, e, com esse tipo de penalidade, o comportamento de Anderson provavelmente passará a ser classificado como "regular".

"É, ele já vai ser cortado [do projeto]", previu o agente.

26. de Black que com a ajuda consegue fugir.
27. Uma leitura fantasticamente imaginária que me
28. levou a relembrar minha adolescência, momentos vividos
29. em que li a saga completa Harry Potter. Ótima leitura
30. recomendo para quem quer mexer com a imaginação

(Atenção: não ultrapassar 3[...]

Transcrição: "*[...] de Black que com a ajuda consegue fugir. Uma leitura fantasticamente imaginária que me levou a relembrar minha adolescência, momentos vividos em que li a saga completa Harry Potter. Ótima leitura recomendo para quem quer mexer com a imaginação*".

capítulo

03 a parede e a grade não me limitam

Liberdade é pouco.
O que eu desejo ainda
não tem nome.
(Clarice Lispector, Perto do coração selvagem)

Figura 4 – Os professores tentam trazer, a cada aula do projeto Despertar pela Leitura, muitas opções de gêneros variados para que reeducandos e reeducandas possam escolher qual está mais inclinado a seus gostos

Fonte: foto da autora (2019)

Saindo do portão da penitenciária e indo em direção ao Presídio Feminino de Florianópolis, que fica no mesmo complexo penitenciário, as salas de aula mudam completamente.

As grades que dividem professora e alunas somem, e aproveito que a barreira física entre mim e as detentas não existe (como existia nas aulas com os homens) para ocupar um lugar perto delas.

Teresa* está sentada em uma das últimas carteiras da sala de aula e ouve a professora Gabriela Souza Schebella anunciar que uma estudante de jornalismo está ali para fazer um trabalho com as detentas sobre leitura no cárcere. Lá da frente, tenho a impressão de ver a aluna do fundão quase revirar os olhos de tão desinteressada que parece ao pensar na possibilidade de ter alguma interação comigo, novata que sou naquele ambiente.

O problema é que a mesma professora havia me contado, dias antes, um episódio marcante de sua jornada como docente no sistema prisional e, coincidentemente, a personagem central dessa história era justamente Teresa. O relato de Gabriela havia despertado em mim a vontade de entrevistar sua aluna no mesmo minuto, e guardei a ideia na cabeça para o momento em que tivesse a oportunidade de estar cara a cara com ela.

Mas como despertar em Teresa o interesse de conversar comigo tanto quanto o que eu tinha de conversar com ela? Pensei em nem tentar. Não por má vontade ou orgulho, mas porque não estava ali para obrigar ninguém a falar, afinal. Já há tantas coisas que as pessoas privadas de liberdade são obrigadas a fazer que, desde o início, sempre tentei deixar claro a cada homem e mulher entrevistada que compartilhar a própria história comigo era apenas uma opção. As histórias lhes pertencem, e muitas vezes são as únicas coisas que não são arrancadas quando eles se despedem da rua.

Figura 5 – Um total de cem presidiárias está alocada no Presídio Feminino de Florianópolis em 2023. O dado corresponde a um levantamento exclusivo feito pelo Departamento de Polícia Penal do Estado de Santa Catarina

Fonte: foto da autora (2019)

Quando a vejo se aproximar para entregar a resenha do mês, a professora logo trata de anunciar a Teresa que havia sido recomendada como fonte para minha reportagem. Ela ainda parece insatisfeita, mas decide me deixar tentar — talvez pela consideração que tem por Gabriela. Eu sei que as chances de fisgar sua atenção são pouquíssimas, contadas em uma mão só, e miro minha primeira (esperando que não seja a última) pergunta.

"Então você gosta de Clarice Lispector?", pergunto.

Um tiro certeiro, que estilhaça sua resistência assim que a frase é concluída. É como ligar um interruptor. Seu semblante muda totalmente quando ouve aquele nome, que carrega o peso de resgatar a lembrança de uma das maiores escritoras do Brasil de todos os tempos. O rosto de Teresa se ilumina, e ela sorri.

"Muito", diz.

A primeira vez que ela teve contato com as obras da autora foi na escola. Em uma atividade rotineira de sala de aula, foram distribuídos títulos para cada um dos estudantes da turma, que à época correspondia à sexta série. O volume depositado na carteira de Teresa foi *A hora da estrela*.

"Eu me apaixonei pelo jeito que a Clarice escreve, porque ela fala com a gente. É de fácil entendimento, mas ao mesmo tempo ela aborda temas ocultos, uma coisa que deixa a gente pensando além do que a história tá falando", relembra com entusiasmo. Foi assim que a paixão teve início, e, quanto mais se depara com as diferentes Clarices, mais se sente envolvida no mergulho que é lê-la. Hoje, Teresa se declara uma "clariceana".

Ao vir para o presídio feminino, ela teve seu contato com Clarice temporariamente interrompido. Começou a participar do projeto de remição de pena logo quando foi implantado e, desde então, implorava à professora Gabriela por uma chance de realizar seu sonho: reler *A hora da estrela*. O acervo disponível para uso do Despertar pela Leitura, no entanto, ainda era limitado e não havia nem sinal da obra por lá.

No dia em que pôs as mãos em um exemplar recém--chegado, doado para o projeto, Gabriela tratou de guardá-lo rapidamente. Preparou o malote com as dezenas de obras que planejava dispor na mesa enquanto as detentas escreveriam suas resenhas, como sempre, e colocou em sua pasta, separadamente, o queridinho de Teresa. Era necessário reservá-lo para que não corresse o risco de perdê-lo de vista e acabasse indo parar nas mãos de outra aluna primeiro.

Assim que terminou mais uma resenha, Teresa se dirigiu à mesa em que os livros ficam empilhados para devolver o que havia lido e procurar por uma nova companhia literária para passar o mês. Machado de Assis? Provavelmente não. Acredita que já leu todos os que o acervo disponibiliza do autor. Talvez Paulo Coelho, um de seus preferidos...

Seus pensamentos foram interrompidos pela risada travessa de Gabriela, que a observava.

"Por que está rindo, professora?", Teresa quis saber.

"Pode olhar à vontade, porque eu tenho certeza que você não vai querer nenhum que está aí!"

Sem entender nada, Teresa observou a docente tirar da bolsa o objeto de desejo que há tanto tempo esperava. A felicidade dela foi intensa como um presente inesperado na noite de Natal sem ceia. "Até hoje eu me arrepio de lembrar", recorda Gabriela. Os olhos da aluna se encheram d'água, e o ímpeto de abraçar a professora foi uma reação inevitável, irrefreável. Se aproximou, com a intenção de demonstrar toda a gratidão que estava sentindo, e percebeu uma movimentação diferente da agente penitenciária encarregada de supervisionar as aulas. Significava que estava redobrando a atenção, focada agora na interação entre a dupla.

Não é permitido que professores e reeducandos demonstrem esse tipo de afeto por meio do toque, ou que conversem sobre suas respectivas vidas pessoais. Teresa parou onde estava, contentando-se em agradecer por meio do olhar escorrido.

"Eu te daria um abraço", explicou.

"Eu estou me sentindo abraçada, pode ficar tranquila".

A urgência de reabsorver cada palavra escrita por Clarice Lispector fez com que Teresa terminasse a obra toda em um dia de leitura.

"Eu ganhei ela naquele dia", assegura Gabriela. "Depois que aquilo aconteceu, eu vejo nos olhos dela que ela me adora. Ela faz textos lindos na minha aula, tira notão. Ela leu *O presidente negro*, do Monteiro Lobato, e fez uma resenha que foi uma das melhores que eu já li até hoje, de todas (de alunos de dentro e de fora da prisão)".

Esse episódio foi o único da vida de Teresa que eu já havia conhecido antes do nosso encontro, por meio de outros olhos — dos da professora Gabriela. Era essa narrativa que havia moldado minha percepção, ainda crua, de quem era aquela mulher desconhecida. Eu queria lê-la melhor, e dei sorte: Teresa e literatura provaram ser assuntos indissociáveis.

* * *

Figura 6 – Todos os meses, analisando as preferências literárias de cada aluno e aluna, os professores selecionam obras para que os internos e internas possam ter opções variadas para escolher sua nova leitura. Enquanto realizam a redação, o(a) docente empilha as opções para que, assim que terminarem a avaliação, cada um(a) possa devolver o livro que tem em mãos e trocá-lo por uma nova companhia, que será resenhada no mês seguinte

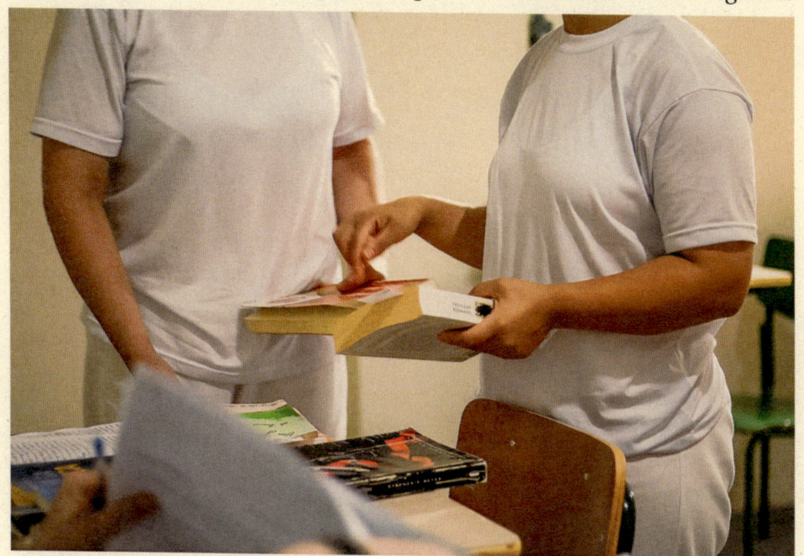

Fonte: foto da autora (2019)

O hábito da leitura começou cedo na vida de Teresa. Ainda se lembra do primeiro livro que leu do início ao fim, aos 8 anos. *Quando meu pai perdeu o emprego*, de Wagner Costa, mostrou a ela que havia mundos inteiros que cabiam naquelas linhas. Mundos com os quais era possível se identificar. Nunca se esqueceu do que sentiu e, desde então, não parou mais de ler.

Seus pais, embora não fossem leitores ávidos como ela, sempre a incentivaram a descobrir aventuras de prateleira e tinham condições de comprar livros. Percebendo que a filha gostava mais de ficar em casa, aconselhavam-na a ler dizendo que a literatura poderia levá-la a vários lugares sem que precisasse sair do quarto — uma ideia que soava muito vantajosa à menina naquela época.

Teresa não fazia ideia, porém, de que um dia o conselho dos pais serviria em uma situação tão extrema — a de não *poder* sair do quarto. Aos 37 anos, enquanto privada de liberdade, ela divide uma cela, que chama de alojamento, com outras 11 mulheres. As únicas companhias que *escolheu* ter são suas duas caixas organizadoras, onde guarda seus pertences. Alguns deles são cartas.

Continuou encontrando maneiras de fazer dos livros uma fuga de pensamento, seu modo de estar onde não pode estar. Pôde resgatar na prisão a paixão por Machado de Assis, Eça de Queiroz e, é claro, sua favorita: Clarice. Foram eles, com tantos outros autores nacionais e internacionais, clássicos e contemporâneos, que mostraram a Teresa que sua mente realmente poderia transpor os muros do presídio feminino. Ela acredita que a leitura a ajudou a entender que "**estar presa é saber que eu tô limitada fisicamente, mas espiritual e mentalmente não**. A parede e a grade não me limitam. E nunca vão me limitar".

Lê mais ou menos até começar a novela das nove. Durante esse momento de entretenimento, o silêncio total é quase que uma lei entre as mulheres que dividem o alojamento. Às vezes, no entanto, há permissões pontuais para uma quebra do acordo: "quando aparece alguma coisa, tipo um gato, bem bonito, a gente se manifesta". É "Ô, lá em casa" em coro, para logo depois retomarem o silêncio. "A gente só se manifesta se a coisa é muito boa, ou muito ruim".

Teresa às vezes gosta tanto de sua leitura que, depois que a transmissão televisiva termina, seu único desejo é folhear mais algumas páginas. Como as luzes já estão apagadas a essa altura da noite, em respeito às mulheres que se levantam para trabalhar por volta das 5h da manhã no dia seguinte, ela pensa em alguma estratégia. E encontra, esperta que só. Se aproxima da TV e aproveita, por mais alguns minutos, os feixes luminosos de fora que atravessam a janela do alojamento. "Sento em cima do vaso sanitário e fico lendo com essa luz", conta.

A cela onde Teresa está é cheia de outras detentas leitoras que, à medida que terminam de ler o livro a ser resenhado naquele mês, tratam de fazer um rodízio literário. Uma empresta para a outra, que empresta para a seguinte. Isso faz com que várias leiam mais de 1 livro inteiro por mês, mais de 12 livros ao ano. O número supera — e muito — a média de leitura do brasileiro, que é de 2,55 obras anuais. Se contados também os livros lidos em partes, esse número sobe para 4,95 — ainda assim, um número abaixo do de leituras de Teresa.

Ela detesta quando as pessoas não tratam os livros com o carinho que ela trata. Não suporta orelhas, amassados ou qualquer dobrinha. "Outra pessoa vai ler", argumenta, justificando sua impaciência com a ideia de topar com um exemplar maltratado pelo manuseio. Ela sabe que é preciso ter cuidado com cada obra, pois elas são destinadas a uma pessoa específica mês a mês, que pode ser responsabilizada em caso de dano do material.

Ela é uma dessas mulheres que acordam acompanhadas do despertar do sol. Sua rotina envolve levantar às 5h30min para trabalhar. Antes da convocação à cozinha, vai até a grade para ver o que há de novo. Tem como paisagem o céu e a grama, então essa tarefa acaba não sendo muito demorada. Percorre os olhos por cada centímetro para ver se há algo diferente do dia anterior. "Não tem muita coisa pra ver, mas eu vejo se tem uma florzinha nova plantadinha".

Qualquer novo detalhe em um cenário que se repete diariamente, para quem está encarcerado, pode ser uma grande novidade. Teresa toma banho, veste o branco para desenvolver suas atividades e espera ser chamada ao batente.

Ao chegar à cozinha, vê um bilhete deixado pelas colegas. Não consegue se conter: já reclama do erro gramatical que lhe faz revirar os olhos toda vez. Só depois é que percebe que seu amor pelas palavras chega a fazer com que ela pareça bastante exigente e receba um "Ai, a letrada" das outras detentas. Usa os recados das colegas como aulas de português, já que faz questão de responder a cada um corrigido. "Amiga, eu adorei. Mas tal palavra se escreve de tal jeito".

Suas lições não se limitam às mulheres — também corrige o companheiro. Começaram a se escrever assim que uma conhecida disse a Teresa que um homem que estava preso no mesmo complexo penitenciário queria trocar correspondências com alguém. Foram mais de dois anos em que as palavras em folhas avulsas foram a única interação do casal. Sentia-se como se tivesse voltado ao passado. "As pessoas que moravam distantes que mandavam carta", explica.

Mas no começo, confessa, os erros gramaticais e linguísticos de Ricardo* pulavam do papel. Isso era uma frustração, já que, "se ele escrevesse mal, não ia gostar dele", confessa baixinho e franzindo o nariz, mas com consciência do seu nível de exigência.

Ricardo não tinha um domínio do português tão bom quanto o dela, e Teresa escrevia tão lindamente que o conquistou só com as palavras. Isso a fez pensar que o relacionamento não duraria, pois "a maioria das pessoas não gosta de ser corrigida, gosta de persistir no erro". Ela, que gostava justamente de corrigir, fez isto: em vez de guardar as mensagens, mandava-as de volta a Ricardo acompanhando sua carta-resposta.

Assim que recebia os escritos do amado, vestia o jaleco imaginário de professora, ajeitava os óculos e circulava, rabiscava sobre as juras de amor. Preenchia as vírgulas e os pontos finais que faltavam, trocava "x" por "ch" e deixava claro: desejo é com "s".

Em vez de ficar bravo e terminar tudo, como Teresa pensava que seria o desfecho da história de romance dos dois, Ricardo passou a responder a suas mensagens com as mesmas palavras que havia errado anteriormente — dessa vez com a grafia correta. Assim, mostrava a ela que havia aprendido as lições e que poderia ficar tranquila: estava melhorando. "Aquilo me encantou", suspira ao relembrar. Aos poucos, os erros foram diminuindo até passarem quase despercebidos e as cartas se tornarem "lindíssimas", como Teresa gosta de classificar.

Depois de o namoro se solidificar, veio a ideia de tornar a relação reconhecida em cartório. Casaram-se à distância em maio: Teresa assinou os papéis no presídio feminino; e Ricardo, na penitenciária. A primeira vez que viu o marido foi na foto do Ipen, o sistema oficial do Estado que tem, em seu banco de dados, uma imagem de cada pessoa em privação de liberdade. Hoje, podem passar algumas horas juntos a cada 15 dias. "Ele é um *gentleman*, um lorde", exalta timidamente, apaixonada.

O primeiro encontro em que pôde sentir a pele do amado só veio dois meses depois da oficialização da relação em cartório, mas parecia que já se conheciam há muito tempo. "Porque a literatura traz isso, ela aproxima", acredita Teresa. Para ela, suas cartas e as de Ricardo foram mais do que simples confidências: foram literatura.

* * *

A segunda vez que vi Teresa, era outra pessoa. Toda a luz que emanava enquanto ela falava de Clarice havia sumido. O interruptor estava desligado. Mais que isso, senti que ela era capaz de acabar com a energia do bairro inteiro sozinha.

A única luminosidade que me atingia, vinda dela, era quando a algema se mexia e o cinza cintilava a claridade que rebatia nele. Foi totalmente diferente da primeira vez, em que ela estava na sala de aula, com as colegas e a professora presentes, e não havia grades, metais ou agentes entre nós que a intimidassem. Além disso, desta vez ela estava de laranja — o que significava que era dia de folga do trabalho.

Quando pergunto se Teresa tem filhos, percebo que esse é outro assunto, além de Clarice Lispector, que faz seus olhos acenderem um quarteirão em milésimos de segundo. Desabrocha. O mesmo tempo leva para que suas pétalas incendiadas murchem e desabem secas — assim que se lembra que só vê a filha adolescente uma vez por mês; e o filho, quase nunca.

Sua cabeça baixa lentamente, e a voz muda de tom. Fica mais grave enquanto ela conta que "o pai dele [da criança] não deixa ele me ver". O que mais a faz sofrer enquanto mulher privada de liberdade é a ausência da menina e do pequeno, e a saudade que isso significa. "Tive uma audiência ontem e vi meu filho. Tive uns 3 segundos para ver ele, falar com ele. Nem entendi o que ele falou, só entendi que tá bem".

"Hoje escrevi duas cartas. Porque minha filha está de aniversário, fazendo 16 anos. Eu sei que vai chegar atrasado, mas escrevi pra ela e pro meu marido".

Um mês parece uma eternidade para uma mãe que não pode gritar um "Filha, vem cá" e sentir a aproximação de uma adolescente impaciente que estava no quarto ao lado. Não dá: para que se vejam as duas horas mensais, já que Victória* não pode visitá-la toda semana, Teresa e a menina precisam passar por portões, grades, agentes penitenciários, scanner corporal, revistas. Há muitos muros que não precisam gritar que são muros: mesmo sem serem de pedra, metal ou concreto, distanciam tanto quanto os que são fisicamente imponentes.

Quando pensa em Victória, lembra-se de quão linda é a sua menininha. Tem cabelos loiros escuros, a cor imitando as sobrancelhas — que são finas, porque a menina detesta sobrancelhas grossas. Sua pele é alva como a da mãe, as mãos mais ainda, e muito delicadas. Já é mais alta que Teresa, mesmo na adolescência, e é bastante magra. Sua cintura é "finíssima", como gosta de destacar a mulher que a trouxe ao mundo. A mãe ama a boca carnuda da filha, assim como todas as coisas que são só suas: desde as duas pintinhas perto dos olhos até o sorriso que mostra os dentes alinhados.

"Ela é perfeita", sussurra com um sorriso que transparece admiração, amor e dor.

Nas visitas, quando estão frente a frente, aproveitam para conversar sobre tudo. Não demora para que a leitura, um amor que hoje compartilham, surja entre um assunto e outro. A mãe diz que, assim como seus pais fizeram com ela, tenta incentivar a menina a ler.

"Filha, a mãe leu um livro bem maneiro", conta sobre a conversa das duas, empolgada. "Como agora tem a internet, ela me fala que baixou o tal do e-book, mas eu não sei o que é ainda. Porque eu tô aqui, né..." — ela dá de ombros olhando em volta.

Fica feliz de saber que Victória estaria lendo *Diário de uma escrava*, de Rô Mierling. "Era sobre uma menina que tinha sido violentada, e ela tava presa num porão. Eu tô aqui por isso, minha filha foi violentada. E a pessoa que fez isso com ela..."

Faz uma pausa.

"Eu fiz violência com as próprias mãos [contra esse homem] em vez de esperar a justiça. Eu agi com o instinto de uma leoa. Reconheço meu erro; hoje, não faria. Vai fazer quatro anos que eu tô na cadeia".

Sou atingida em cheio por essa declaração, e é difícil pensar no que perguntar depois disso. Simplesmente silencio, e deixo que ela conduza para onde achar que deve.

"Esses temas ajudam a superar, porque ela vê que as meninas do livro também superam tudo isso. E é uma maneira de ela passar por cima do trauma, do choque, de tudo que ela passou. Ela busca na leitura histórias que ajudem", acredita.

Eu não estava lá para dizer o que é verdade ou não. Nem é meu objetivo investigar, no âmbito deste livro-reportagem. O que sei, no entanto, é que as versões são conflitantes: enquanto Teresa sustenta seu depoimento até hoje, o Tribunal do Júri a condenou a cumprir uma pena de 20 anos por homicídio qualificado. A versão de Teresa de que a filha havia sido violentada não foi aceita pelo júri.

"De tudo que já leu, teve alguma frase que te marcou, Teresa?", pergunto.

"Ah, é uma frase da Clarice. "Até no capim vagabundo há desejo de sol".

Figura 7 – Para acessar a sala de aula (e ao saírem dela para retornarem às celas), cada pessoa privada de liberdade passa por uma revista corporal

Fonte: foto da autora (2019)

capítulo

04 | dez com estrelinha

Apelidaram-no de Professor porque num
livro furtado ele aprendera a fazer mágicas
com lenços e níqueis e também porque,
contando aquelas histórias que lia e muitas
que inventava, fazia a grande e misteriosa
mágica de os transportar para mundos
diversos, fazia com que os olhos vivos
dos Capitães da Areia brilhassem como só
brilham as estrelas da noite na Bahia.

(Jorge Amado, Capitães da areia)

Enquanto conversava com Teresa, na primeira vez em que nos vimos, uma cena que acontecia no pano de fundo me chamou atenção: uma das detentas abraçava a professora Gabriela rapidamente, enquanto seus olhos inundavam. Ela provavelmente nem lembrou que é proibido contato entre docente e detentas — quando viu, já estava feito.

Havia recebido o resultado da resenha do mês anterior e, junto dela, um elogio. "A qualidade do teu texto está muito boa!", avaliou Gabriela. Foi o suficiente para que a emoção tomasse conta daquela mulher, que parecia nem acreditar no que estava ouvindo.

Os progressos que os alunos e as alunas de Adailson, Fernanda e Gabriela mostram, mês após mês, significam orgulho imenso para eles. "A evolução é tão grande em alguns que às vezes eu penso que eles estão colando da internet. Claro que aqui não tem acesso", brinca o professor. Para ele, a contribuição que a leitura e o ensino têm na vida dos educandos em privação de liberdade é clara: "**Nós estamos trazendo esperança através da educação para uma população totalmente esquecida pela sociedade**".

A forte influência que a figura de um professor ou uma professora tem na construção do gosto pela leitura não é meramente achismo. De acordo com a pesquisa *Retratos da leitura no Brasil*[15], o interesse pela literatura começou com uma indicação da escola ou de algum docente, para 52% dos leitores entrevistados. Além disso, 22% responderam que quem indicou a última obra que haviam lido fora um educador.

Quando questionados sobre o significado da leitura, 4,5 mil dos 8 mil participantes responderam que a prática trazia conhecimento e 2,3 mil disseram que ela ensinava a viver melhor.

O último relatório do Sistema de Informações do Departamento Penitenciário Nacional mostra que 5,7 mil professores atuam no sistema prisional em 2022, e que 476 mil pessoas em privação de liberdade participam de pelo menos uma atividade educacional[16].

O professor Adailson é aquele educador que está sempre propondo desafios de leituras para tirar os alunos de suas zonas de conforto e, com isso, auxiliar e estimular a diversificação e ampliação de suas visões de mundo. Se emociona ao ouvir histórias de homens que nunca tinham lido um livro

---

[15] IPL, 2020.

[16] BRASIL, 2022.

inteiro em toda a vida e soltaram a frase: "Aqui [no sistema prisional], olha o tanto que eu já li!".

Gabriela, por sua vez, procura ser persuasiva na indicação de livros. Se algum reeducando pede por uma história de amor, "eu não vou levar pra ele um amor violento. Vou procurar uma literatura clássica brasileira, por exemplo". Lembra-se até hoje da vez em que convenceu um de seus alunos a ler *A moreninha*, de Joaquim Manuel de Macedo. Quando se reencontraram em sala de aula, o homem confessou que não havia conseguido largar a obra nem mesmo para dormir: "Li com uma lanterninha quando desligaram as luzes porque queria saber o final". Um aluno de Fernanda também se encantou pela obra e revelou: enquanto lia, teve vontade de se apaixonar de novo.

Fernanda é aquela professora que parece que já nasceu professora. Tem até uma estrela pequena tatuada no dedo médio — o que me fez lembrar, na hora, da expressão "10 com estrelinha". Quando comento essa minha observação sobre ela, Fernanda sorri. "Em vários cadernos que eu corrigi esta semana, eu coloquei 10 com estrelinha, mesmo".

Sempre escreveu poemas, contos e microcontos, mas viu que, ao chegar às unidades prisionais para trabalhar, o rap estava sempre muito presente. Com o tempo, adaptou suas poesias para serem cantadas.

Hoje é conhecida como MC Teacher e está sempre pronta para mandar uma rima. Como aconteceu um dia, em sala na penitenciária, enquanto todos se preparavam para o começo da aula. Fernanda escutou lá da frente algumas vozes improvisando palavras que, ao fim, desembocaram em uma frase:

"Lápis"
"Borracha"
"Tesoura"
"Cola"

"Tudo isso eu já quis roubar aqui na escola!"

Fernanda, desaprovando totalmente a rima, tratou de devolver o canto na lata:

"isso
eu não
achei muito legal
vamos melhorar
vocês têm potencial!"

"Muitas pessoas veem apenas o crime, o lado ruim, e a gente não. A gente tenta mostrar que são seres humanos. Todo mundo tem um lado bom".

Figura 8 – Fernanda (foto), a MC Teacher, Adailson e Gabriela são os únicos professores que atuam no projeto Despertar pela Leitura no Complexo Penitenciário de Florianópolis à época da produção deste trabalho, em novembro de 2019. Eles têm que corrigir, em média, 300 resenhas a cada mês

Fonte: foto da autora (2019)

Transcrição: "*Este livro me ajudou a trazer da minha memória coisas boas que eu tinha esquecido por um tempo. Cheguei a pensar que a vida fosse só sofrimento mas graças a esse livro conseguir recuperar algumas lembranças boas que vivi ao longo da minha vida e me conciliei.*

Hoje aprendi o significado da palavra esperança é acreditar em Deus, estar com pensamentos positivos e não desistir quando vemos obstáculos, pois a vida é curta e passageira. Hoje podemos estar em algum momento da vida com problemas, mas a fé e a esperança trais em nossos corações uma calma e certeza que tudo irá dá certo que os problemas se tornam tão pequenos, aí você para pra pensar que valeu a pena ter esperança. me sinto mais confiente com a vida e com os meus sonhos. eu quero sair daqui e fazer uma faculdade e tenho certeza que irei realizar meu sonho basta eu crêr ter fé esperança e é claro estudar muito e farei o meu melhor, pois este livro me ensino a ter esperança. não achava que nesse lugar encontraria esse livro para me ajudar. agradeço a Deus por estar na leitura do livro e por conseguir ler e entender o significado da esperança e o quão é valioso a leitura. aprendir a gostar de lêr mais depois que começei com essas leituras para remição e agradeço a professora, que me ensinou muito [...]".

Figura 9 – As resenhas podem conter até 30 linhas, e, geralmente ao fim, os internos e as internos contam se recomendam a obra e por que

Fonte: foto da autora (2019)

Figura 10 – No presídio feminino, as turmas de detentas se dividem em duas, que têm aulas no mesmo dia: uma no período da manhã, outra à tarde

Fonte: foto da autora (2019)

Figura 11 – Os professores entram no sistema prisional por meio de uma seleção. Assim como os detentos e as detentas, não podem entrar nas unidades com dispositivos móveis (celulares, tablets ou qualquer equipamento eletrônico que possua conexão com internet)

Fonte: foto da autora (2019)

Transcrição: "*Eu indico a leitura deste livro, por se tratar de uma obra cativante, de fácil interpretação, que nos ensina que devemos almejar justiça, mas nunca devemos fazer justiça com as próprias mãos*".

Transcrição: "*Amei o livro, vou levar essas escritas para sempre no meu coração*".

capítulo

05 morreu, tu esquece

O mundo está cheio de
coisas óbvias que ninguém
jamais observa.
(Arthur Conan Doyle, O cão dos Baskerville)

"O pai não é rico, minha filha. A herança que o pai pode te deixar é o estudo. Isso, ninguém te tira".

Cristina* não conseguiu escapar da clássica frase que os pais tentam exaltar toda vez que têm uma "conversa séria" com os filhos sobre sua educação. Ouviu com aparente atenção e, assim que virou as costas, pensou em como aquilo soava uma grande bobagem. Dava-lhe vontade de revirar os olhos toda vez. Era apenas um clichê, afinal, e clichês não necessariamente são verdades, certo?

Mas o pai tirava condições de onde podia para garantir que sua mensagem seria passada à filha. Proporcionou a Cristina uma educação de boa qualidade, pagou uma boa escola particular por toda a infância e adolescência dela.

Cristina passou grande parte da vida sem levar a frase do pai a sério, mas, quando menos esperava, o discurso voltou. Dessa vez, começou a ser ecoado da boca de seu filho mais novo. "**Mãe, lê. Além de ser cultura, é um aprendizado. Tu viaja, são coisas que ninguém mais te tira**", dizia João*, e lembrava Cristina da vontade que tinha de revirar os olhos. "Apenas bobagens", voltava a pensar.

A frustração que sentia por ser obrigada a frequentar um "colégio de freira", como chama, deu lugar a um sentimento de saudade: Cristina daria tudo para voltar a ter seus 12, 13 ou 14 anos e ter novamente a oportunidade de estudar o ensino regular. O que é possível reconhecer em seu relato, no entanto, é que Cristina não se identificava, ao menos à época, com os métodos e as convenções que essas instituições adotavam — o que acabou sendo um fator que distanciou a aluna da vontade de se dedicar plenamente aos estudos e ao aprendizado.

Foi apenas dentro da prisão, após 30 anos longe de uma carteira escolar, que foi entender o que o filho sentia rodeado de tantos livros. Ela sempre o considerou um menino muito inteligente, mas não concordava com a maneira que João escolhia passar o tempo. Enquanto ela tentava convencê-lo a ir ao cinema, lá estava ele: grudado em mais um clássico. "O que que tu quer com toda essa gente que já morreu, João? O que que tu tá fazendo com esse monte de museu, meu filho?", insistia em questionar.

Ela olha para mim e, quase como se tentasse se retratar por pensar daquele jeito na época, continua: "Eu pensava que 'morreu, tu esquece' sabe? Hoje eu entendo. Ontem até dei 300 reais para ele e disse: vai no sebo!".

Agora com 57 anos, tomou para si a responsabilidade de passar a mensagem que seu pai e seu filho insistiam em transmitir. A "tia", como é chamada dentro do Presídio Feminino de Florianópolis, de vez em quando solta lições às detentas com quem convive, copiando a frase de gerações de sua família e incentivando as outras mulheres a lerem.

Não é difícil imaginá-la pregando suas ideias às companheiras de alojamento. Seus olhos são intensos e parecem suplicar por conversa. Puxou uma comigo assim que sentei na carteira que ficava atrás da sua durante uma aula do projeto Despertar pela Leitura.

"Você faz o quê?", ela logo quis saber, curiosa.

"Jornalismo", eu respondi, e sua atenção não me abandonou mais durante a hora que se passou.

Cristina é atenta. A linha d'água de seus olhos é marcada por um traçado grosso de lápis preto que contorna de baixo a cima, terminando em um delineado. Suspeito que seja maquiagem definitiva, pois estava presente em todas as três vezes em que nos encontramos. Os cabelos são curtos. Não pelos ombros, mas quase raspados. Ela ostenta fios grisalhos e tem mechas que perderam toda a tonalidade que ainda existia conforme os fios chegam perto do rosto. O branco dos cabelos se estende ao seu tom de pele.

Figura 12 – Não é permitido que detentos e detentas usem calçados fechados

Fonte: foto da autora (2019)

Enquanto está no cárcere, Cristina tenta manter a cabeça funcionando por meio da leitura. Já perdeu a conta de quantas resenhas escreveu para fazer a remição de pena — o que sabe é que sua participação no projeto se confunde com o tempo que essa atividade existe no presídio feminino.

"Às vezes eu viajo para Nova Iorque, às vezes eu vou para um sítio... Moro naquele sítio um tempão...", conta, com a voz parecendo expirar sonho e imaginação. Ela fala com graça, delicadeza, sempre sorridente e simpática. Sua rotina permite que tenha um bom tempo para a leitura, já que acorda às 4h30min para se aprontar para o trabalho na cozinha, e, assim que a tarde começa, já está de volta ao seu alojamento.

É liberada diariamente às 13h do batente e se apronta para assumir as páginas. Toma um banho para livrar-se dos resquícios da manhã agitada em meio às colegas de trabalho, da comida, do vapor dos alimentos, e abre *Violetas na janela*, de Vera Lúcia Marinzeck de Carvalho. É a obra que elegeu durante a aula do mês de setembro de 2019 para tirar os seus quatro dias de pena mensais.

Suas escolhas geralmente seguem um padrão: são de temática espírita. "Eu tenho a convicção de que a gente conhece alguém e, por afinidade, começa a ter amizade. E às vezes tu olha pra uma pessoa que não te fez nada e tu, gratuitamente, não quer nem conversa, não gostaria nem que a pessoa te dissesse bom dia. Tenho a impressão de que eu já vivi outras vidas, e to voltando nessa para reparar meus erros".

Garante que já leu todos os livros espíritas de que a biblioteca dispunha, de autoras como Zíbia Gasparetto e Vera Lúcia Marinzeck de Carvalho. Se considerássemos apenas os presidiários e as presidiárias como consumidores, as obras religiosas com certeza seriam os best-sellers que moveriam o mercado de livros — a quantidade de pessoas que optam por esse gênero nas unidades é bastante significativa.

Já que o acervo de livros dessa temática não é tão vasto quanto Cristina gostaria, ela agora deve partir para leituras mais relacionadas a suspenses ou romances policiais. Começou a se interessar por Sherlock Holmes, um dos preferidos da professora Fernanda Róhden, de quem já foi aluna.

"Ah, não, esses livrinhos água com açúcar não gosto de ler", ela torce o nariz antes de continuar: "Esses dias as gurias levaram aquele *50 tons de cinza*, e meu Deus! Quase

500 páginas de sexo. Não é isso que eu quero ver aqui dentro... Não *aqui dentro*", ri enquanto frisa a frase final com os olhos estalados.

Ao mesmo tempo que Cristina dá sua opinião sobre o best-seller de 2012 de E. L. James, ouço outras detentas discordarem ao nosso redor. "Sr. Grey é um sonho!", levantam os braços e se abrem em gargalhadas abafadas, rápidas, enquanto Cristina revira os olhos e me diz, em um tom mais baixo: "Tu acha que tu vai achar um homem lá fora que vai fazer o que ele faz? Sim, ele é um sonho de consumo, mas é um sonho que não existe!"

Seu estilo é mais "pé no chão", não vê graça no que, para ela, só pode existir no papel e no cinema. Mas isso não significa que não viaje sempre que pode por meio das palavras. Cristina submerge tanto nas histórias que vira personagem. "Quando eu vejo, levo um susto. Penso 'MINHA NOSSA, eu tô dentro da cadeia?'".

Mas precisa de substância para se sentir satisfeita: não lhe basta que o livro seja bom, ou que seja espírita, de suspense ou romance policial. Uma de suas exigências, que deixa previamente combinada com a professora, é de que a obra deve ter muitas e muitas páginas. Ao menos 500, para ser mais específica. Quanto mais centenas, melhor, já que o título só será substituído em um prazo de 21 a 30 dias. Para ela, as quase 300 páginas de *Violetas na janela* são pouco.

Ela acabou de escolher o livro na mesa da professora, mas solta um "Vou terminar esse aqui em dois, três dias...", triste que só, suspirando e parecendo já pensar na incerteza que lhe aguarda depois de virar a última folha. A única vez em que a vi parecer brava foi quando olhou para o acervo disponível na mesa. Parecia estar insatisfeita, e logo ouço o teor da reclamação: “São todos muito finos, professora!”.

A primeira vez que vi Cristina foi na aula de remição pela leitura. Ela estava toda de branco, e esse era o elemento que diferenciava quem trabalhava na cozinha naquele dia de quem não trabalhava. Era uma quinta-feira quente, em que o sol cruzava a janela da sala de aula e as grades que vinham logo depois dela. A maioria das mulheres havia optado por sentar-se a uma carteira em que a claridade excessiva não fosse atingi-las. Cristina estava do outro lado da sala, na primeira carteira.

Ela não tinha costume de ler antes da prisão. O desespero pela redução de pena a qualquer custo a fez criar hábitos e apegos completamente diferentes aos que era acostumada em liberdade. Um deles foi o amor à cozinha. Conta que sempre foi uma mulher que gostava de almoçar e jantar em restaurantes, nunca de cozinhar. Ao receber uma visita, logo sugeria que fossem à procura de um café; mas não inventassem de ficar em casa. “A gente paga, come, não tem sujeira e louça pra lavar”.

A nora, pelo contrário, dizia que seu desejo era ter uma sogra com quem pudesse conversar em um farto almoço aos domingos.

“Eu, também [tenho esse sonho]. Se tu encontrar, me avisa!”, respondia Cristina com seu bom humor e ironia de sempre.

O trabalho era das últimas coisas que Cristina esperava fazer na prisão. “Nas minhas duas cadeias eu sempre fui convidada pra trabalhar na cozinha e dizia 'Deus me livre! Cozinha, só do restaurante e eu na mesa sentada pra ser servida'", relembra. Ela olha para mim como se fosse contar um segredo e me toca o ombro. "Não vais acreditar... Hoje eu tenho ciúme do dia que é a minha folga e eu não estou lá pra fazer a salada. Ciúmes... que alguém vai pegar aquela salada e não vai enfeitar como eu enfeito", confidencia.

Entre as memórias e a tentativa de fuga silenciosa pela mente, Cristina passa muitas de suas tardes e noites acompanhada da literatura. Deita, coloca toalhas dobradas empilhadas em cima do abdômen até sentir que são suficientes para apoiar o livro. E hoje, para onde será que vai?

EU AGORA ULTIMAMENTE ESTAVA VIAJANDO... TRABALHANDO FORA

capítulo 06 minha mente eles não vão prender

**No início da minha detenção,
no entanto, o mais difícil é que tinha
pensamentos de homem livre.**
(Albert Camus, O estrangeiro)

"Eu *agora, ultimamente*, estava viajando... trabalhando fora". Quem ouve as palavras que saem da boca de Torres nesse momento não imagina quanto tempo se passou desde o último dia em que ele esteve em liberdade. A aparente proximidade temporal que as primeiras palavras borrifam no ar se evapora assim que ele esclarece: está preso há dez anos. Foram pelo menos 3.650 as vezes em que viu do nascer ao pôr do sol de dentro do cárcere.

É como se o período confinado não contasse como parte de sua trajetória, e sua vida e seu "ultimamente" tivessem ficado lá fora. Com "agora" ele se referia, na verdade, à época logo anterior à sua detenção.

Torres não parou em nenhuma dessas 3,6 mil vezes. Não consegue. Mesmo às terças-feiras, reservadas à sua folga semanal do trabalho, faz questão de continuar alguma das atividades que pode desenvolver. Cuida de plantas, lê, estuda, dedilha o violão, faz crochê. Para muitas pessoas em liberdade, essas práticas aparentemente cotidianas significam prazer, essencialmente. Mas o que significam para alguém que, em tantos anos, dia após dia, só pode optar por realizar essas mesmas ações, religiosamente?

Torres é lembrado, a cada movimento, de que nem os passos mais rápidos e largos que seu corpo é capaz de dar poderiam levá-lo muito longe — para fora dos muros, nem pensar. É lembrado, também, de que o que realmente gosta de fazer, viajar, tem como premissa a liberdade, e esta só alcançará dali muitos anos no futuro.

Quando chego acompanhada de um agente para conversar com ele, Torres sai do meio de uma vegetação com suas botas pretas de borracha assim que ouve seu nome. Está cuidando da horta que criou junto dos dois irmãos e do pai dentro da penitenciária da capital de Santa Catarina. Os quatro são conhecidos como os "regalias do COT" — a família que veio parar na prisão no mesmo dia, todos juntos de uma só vez, e divide acomodações e convivência desde então. Foram acusados e condenados por homicídio qualificado e alegam inocência até hoje. À época de nossa conversa, em 2019, Torres tinha sua sentença firmada em 52 anos.

"Regalias" são chamados os que desempenham alguma função de trabalho dentro do sistema prisional. Com isso, conseguem diminuir um dia de pena a cada três dias trabalhados. É fácil diferenciá-los dos demais presidiários, pois, em vez do laranja tradicional, usam verde-claro. Geralmente são os que de alguma forma conquistaram confiança dos agentes e da direção da unidade para desempenhar essas funções, já que têm certa "liberdade" para transitar por algumas alas do complexo penitenciário. Torres, que gosta de culinária desde criança, aceitou prontamente um lugar na cozinha quando recebera uma oferta.

Ele abre uma torneira e esfrega as mãos sujas de terra debaixo da água corrente. Vai ao alojamento onde passa o tempo ocioso, que fica ao lado da horta, e troca as botas pretas de borracha para poder acessar seu local de trabalho sem sujá-lo. Sigo-o até um refeitório. Ele me conta um pouco sobre sua história enquanto estamos sentados frente a frente a uma mesa branca comprida. Está quase na hora de servir o almoço aos agentes da penitenciária da capital, o que é trabalho dele. O cheiro da feijoada que Torres temperou há pouco defuma o ar à nossa volta e colore os sentidos, por todos os lados, enquanto a panela de pressão trabalha sem pausa.

A salada que ele serve é sempre fresca — faz a colheita apenas na hora do preparo, assim como acontece com outros ingredientes que usa em suas receitas. Alface, tomate, açafrão, gengibre, pimenta, manjericão, salsinha, cebolinha, melancia, parreirais de uva e maracujá. Mais de mil pés de aipim! Parece que cada vida daquelas é um orgulho para ele — ou uma forma de fazê-lo perceber que a vida ainda existe, mesmo dentro da prisão. Antes de sua intervenção, o lugar que agora é tomado pelo verde e pelo sabor não passava de um depósito de entulhos, pedras e mato. Todos os outros alimentos que ele utiliza para elaborar as refeições dos agentes (carne, macarrão, ou o que forem almoçar) são eles quem trazem para que Torres faça o preparo.

"Modéstia à parte, eu cozinho bem! Quem almoça aqui quer voltar de todo jeito", garante ele, rindo. Começou a aprender as técnicas culinárias cedo, quando ainda tinha seus 7 ou 8 anos. Os outros irmãos gostavam de ajudar na lavoura e demonstravam pouco interesse em contribuir com o trabalho doméstico que a mãe realizava, mas Torres não achava justo vê-la preparar o almoço sozinha depois de entregar-se à dureza do trabalho braçal da roça tanto quanto todos os homens da casa. Enquanto o patriarca esperava suas refeições ficarem prontas descansando e bebendo cachaça ou chimarrão na varanda, a mãe continuava no batente.

Torres nunca perdeu a lembrança dessa época em que via a mãe fazendo seu balé no fogão, sempre preparando de tudo para a família com os alimentos que brotavam do campo. "Ela sempre me botava pra mexer isso ou aquilo, e eu fui pegando gosto de fazer", conta.

Assim que conseguiu autorização da direção da penitenciária para criar uma plantação, a família fez a notícia chegar aos ouvidos da mãe, dona Doralice*, que continuou morando na cidade que seus filhos e marido deixaram a contragosto. Ela, que só consegue visitá-los a cada dois ou três meses, fez questão de percorrer as centenas de quilômetros que separam a família para levar a Florianópolis todo tipo de semente e muda que encontrou.

O que também nunca se perdeu foi o sotaque que Torres carrega. Foi criado no interior de Santa Catarina, na "primeira cidade do Oeste [onde se cruza a fronteira com a Argentina]", como ele diz. Mesmo há tanto tempo longe de casa, ainda conserva intacta a pronúncia característica de quem cresceu e viveu por muito tempo em área rural de cidade pequena do extremo-oeste.

Embora sirva para conectar Torres a uma realidade antiga e querida que temporariamente não pode acessar, mexer com a horta não resulta em remição de pena. Para isso, ele foca outras ocupações. Uma delas é a leitura.

Fazia quase 30 anos Torres não lia. A última vez que ocupou uma carteira no colégio foi na quinta série, e parou por ali. Decidiu participar do projeto Despertar pela Leitura, e foi parte de uma turma pioneira na penitenciária quando a iniciativa começou, em 2018[17]. Não perdeu tempo quando ficou sabendo que a unidade ofereceria a nova atividade: tratou logo de correr atrás para ser um dos primeiros a garantir uma vaga.

"Eu não tinha o hábito da leitura. Eu queria muito que os meus filhos tivessem — tenho um de 20 e outro de 13 anos. Queria fazer de tudo para eles estudarem, porque quando eu era pequeno não tive como — tinha que trabalhar, trabalhar e trabalhar na roça. Não tinha tempo, mesmo que gostasse".

Mas o começo não foi nada fácil, e o objetivo era simplesmente acumular remições que pudessem tirá-lo da prisão

[17] DENARDI, Vanessa Goes *et al*. Projeto Despertar pela Leitura no Complexo Penitenciário de Florianópolis-SC: abordagens teóricas e metodológicas. *Revista Interinstitucional Artes de Educar*, Rio de Janeiro, v. 5, n. 1, p. 87-102, 21 maio 2019. DOI 10.12957/riae.2019.39561. Disponível em: https://acrobat.adobe.com/link/track?uri=urn%3Aaaid%3Ascds%3AUS%3A6f9e9f8f-1771-40fb-9b48-4f32bebb288d&viewer%21megaVerb=group-discover. Acesso em: 6 fev. 2023.

o mais rápido possível. Torres odiou os primeiros livros que escolhera. Passou o primeiro, o segundo, e nada. Começou a desanimar, a pensar que a leitura não era para ele, que não funcionava. Que não tinha nascido para aquilo, afinal. Que só existia "história de bruxaria, assombração, de morte e coisa feia". Passou a definir os livros que lera nesse período como "torturas para o cérebro". Queria desistir a todo custo.

Contou aos professores sobre sua frustração, e eles, depois de algum tempo, conseguiram providenciar títulos novos, alguns que poderiam ser mais inclinados aos gostos de Torres. Ele acabou descobrindo que, na verdade, o problema não estava com a prática de leitura, mas com a escolha dos livros. Não lhe interessavam nem um pouco as histórias de terror, mas as românticas e de aventura lhe pareciam bastante atraentes. Eram narrativas que poderiam muito bem ser reais, com as quais conseguia se identificar. Foi aí que começou a pegar gosto pelo virar das páginas. "Chegou em meia dúzia de livros, eu já estava gostando de escolher. Aí, peguei o hábito".

O que também o incentivava era a sensação de ter terminado uma obra e a vontade de conhecer sua próxima companhia literária. Encontrados os gêneros de que mais gostava, Torres acumulou mais de 20 obras lidas para o projeto até o dia em que conversamos. Alguns dos que lembra de ter concluído foram o *Menino de engenho*, de José Lins do Rego, e *Garibaldi & Manoela: uma história de amor*, de Josué Guimarães.

Gosta muito dos livros românticos, mesmo daqueles que considera sofridos. Prefere os finais com desfechos felizes. *Isso ninguém me tira*, de Ana Maria Machado, achou pequeno demais. Devorou as 120 páginas em dois dias, e agora o que lhe resta é reler até que possa, no próximo mês, trocar por outra obra.

A leitura fez Torres enxergar que a prática trazia duas vantagens relacionadas à sua liberdade. A primeira era a remição de pena, razão primária pela qual começou a ler. Era ela quem, efetivamente, fazia Torres sentir que a contagem regressiva para a abertura definitiva dos portões estava progredindo. A segunda vantagem foi ter se dado conta de que cada conjunto de palavras, linhas e parágrafos podia transportar sua mente para fora daqueles muros, mesmo que temporariamente. Isto se assemelhava muito a uma atividade que Torres amava: viajar.

Começou a viver várias vidas, amores e viagens. Aprendeu o que é sentir o que o personagem sente, a se colocar em seu lugar. A se identificar com ele e percorrer os mesmos caminhos em sua imaginação. A criar um repertório de palavras que nem imaginava um dia conhecer. Embora não tenha memorizado muitos dos títulos, diz que guarda todas as boas histórias na cabeça — principalmente quando se trata de alguma que o leva de volta a um lugar onde já esteve.

O que Torres mais gostava de fazer quando era um homem livre era estar em seu carro ou no caminhão pegando a estrada pelo Brasil. Tinha prazer em diversificar o roteiro sempre que podia — passando o amanhecer em um lugar e o anoitecer em outro. Considera uma viagem de 800 quilômetros um "pulinho" de uma cidade até outra — bastava arrumar o chimarrão e pegar o volante, que qualquer distância parecia se encurtar. Uma das primeiras coisas que quer fazer quando sair da prisão é retomar essas experiências.

Conhecia pessoas, paisagens e tudo de diferente que a vida de um viajante pode proporcionar. Dirigindo, conheceu do Rio Grande do Sul a Mato Grosso, e chegou também a ir à Argentina. Quando se concentra, mergulha nos livros como se estivesse mesmo visitando os pontos turísticos, passeando em pedacinhos de terra nova que ainda não havia explorado. Agora, já que não pode ir fisicamente, encontrou nos livros um jeito de dar uma escapada — afinal, "Já que a justiça não deixa eu sair… pelo menos a minha mente eles não vão prender".

Talvez Torres nem perceba, mas a literatura também está presente em seu horário de trabalho. Confidenciou-me que toda vez que chegam mercadorias para a cozinha, como bolacha, açúcar ou macarrão, faz uma espécie de vistoria nas embalagens. Não há uma sequer que escape ilesa de sua inspeção minuciosa. Ele lê cada especificação: quando e onde o produto foi fabricado, quais são os ingredientes e por onde ele passou. Como uma maneira de estar lá fora, chega a imaginar histórias e roteiros por trás de cada pacote. Quanto mais informações, melhor para a cabeça viajar e se fazer presente na cidade de origem do alimento. Faz de simples embalagens a sua literatura.

E deixa claro seu objetivo. É como se sua percepção da realidade fosse vista através das lentes de uma câmera fotográfica: Torres cria planos e mais planos — suas atividades como a leitura, o estudo e o cuidado com a horta, por exemplo. Coloca cada uma à frente do plano de fundo, que é o encarceramento. Com a possibilidade de sobrepor os planos uns aos outros, tenta ajustar o foco da vida para que o desfoque do fundo seja o maior possível. O que quer que esteja à frente sempre está focado, o que o ajuda a perceber sua realidade de uma maneira única, só sua.

A irmã de Torres, que mora em Florianópolis, acabou se tornando uma segunda mãe tanto para os irmãos quanto para o pai. Ela é a única que consegue visitá-los todas as terças-feiras, e, nesses dez anos dentro da prisão, foram só duas as semanas em que não esteve presente. Às vezes, sobra um tempo que Torres aproveita para contar a Lídia* sobre o que está lendo durante aquele mês para o projeto Despertar pela Leitura. Ela também tenta contribuir o máximo que pode. Um dia, pensando que sua família teria mais uma opção para passar o tempo e ocupar a cabeça, Lídia trouxe consigo uma ideia nova: propôs que fizessem crochê.

Achando que aquilo podia "arejar o cérebro" das leituras, como diz, Torres aceitou o desafio. Uma advogada trouxe uma revista, explicou como se lia o gráfico e conseguiu permissão para deixar com ele os materiais: linha e agulha. "Eu achei muito fácil, nunca tinha visto ninguém fazer", orgulha-se. Ele fala sério — assim que entro em seu alojamento, dou de cara com várias peças de crochê: de tapetes a guardanapos, e até um biquíni amarelo que fez para Lídia.

Dezenas de filtros dos sonhos de crochê pendem por todo o teto. Dá para ver que estar no cárcere é mesmo o maior pesadelo do qual tenta se livrar.

Torres teve oportunidades que tornaram a sua vivência no confinamento menos angustiante, coisa que não é acessível à maioria dos presidiários. Para muitos, o tempo ocioso é o que predomina: são 22 horas do dia dentro da cela e as outras 2 no pátio para o banho de sol — para quem não desenvolve atividades de estudo ou trabalho. Um dos problemas disso é que, no Brasil, muitas das celas extrapolam — e muito — a capacidade máxima, já que no sistema penitenciário há apenas 581 mil vagas[18] para abrigar os 837 mil presos do país.

"No começo, eu achava que não tinha como um ser humano passar por isso. Não entrava na minha cabeça que eu ia sobreviver. Quando eu tava na cela, fechado com mais um monte de presos e outras pessoas estranhas, toda hora com conversas de crime, aquilo pra mim era uma tortura. Mas aí a gente começou a ganhar oportunidade de trabalhar. Tivemos que nos adaptar a outra realidade", reflete.

Torres acredita que, se não lotasse cada minuto de seu tempo desviando o foco do fato de estar preso, acabaria no Hospital de Custódia e Tratamento Psiquiátrico, o HCTP, em poucos dias.

O HCTP é para onde vão as pessoas condenadas por algum crime e que são consideradas inimputáveis pela Justiça por sofrerem com doenças mentais.

* * *

[18] BRASIL, 2022.

Pouco a pouco, livros didáticos também foram povoando o alojamento de Torres. Geografia, história, português, matemática. Todo tipo de livro foi sua companhia durante os estudos para a realização do Exame Nacional para Certificação de Competências de Jovens e Adultos, o Encceja, que, além de instigar a procura de conhecimento, proporciona remição farta de pena.

Com o ensino regular, ele já acumulou mais de cem dias a serem remidos — apenas cursando o ensino fundamental. Hoje participa de uma turma de segundo ano do ensino médio da Educação de Jovens e Adultos (EJA).

Torres também passou a incluir na rotina de leituras os materiais do Programa Educacional da Escola Cened, que oferece cursos de qualificação profissional a internos do sistema prisional brasileiro. A cada 180 horas de aulas que realiza, com a ajuda de custos de Lídia, pode diminuir a pena em 15 dias. Já perdeu as contas de quantos cursos fez — calcula que foram uns dez. Aprendeu desde práticas sobre jardinagem até manipulação de alimentos.

"Eu montei uma nova realidade pra mim aqui dentro. Com o meu trabalho, com os livros, com os cursos do Cened, com a EJA. Tudo pra eu não ficar desocupado. Pelo menos pra sair daqui focando em cada vez dar um passo a mais pra fora, e não pra querer tomar ré, voltar para dentro", analisa Torres sobre a sua evolução dentro do cárcere.

Sua situação é tão diferente da dos demais presidiários com quem conversei que, em um momento, faço uma pergunta que me lembra do porquê de estar ali, conversando com ele para escrever este livro:

"De todas essas atividades que você faz, qual é a sua preferida?", questiono do outro lado da mesa branca de refeitório que nos separa.

"Bah... dessas aqui dentro eu não sei dizer. Porque eu gostava é de estar lá fora, viajando".

Ele faz uma pausa dolorosa, e sinto o soco que ela significa, sem anestesia alguma. Continua:

"Daqui, eu gosto de todas, porque fazem o tempo passar mais rápido. Todos os serviços que eu faço, desde as seis horas da manhã até a noite, enchem meu dia para não pensar besteira".

Percebo que não é só porque anda de verde-claro e não é algemado dia após dia que esqueceu a sua condição. Está preso. É bem mais que uma mesa branca de refeitório que nos separa.

Hora de ir — o cheiro anuncia que a feijoada deve estar quase pronta, e a salada ainda espera pelo tempero de Torres.

capítulo

07

liberdade que pode conduzir à morte

Numa época em que se fala
tanto em construir muros e
de uma retórica virulenta que
enfatiza tudo o que nos diferencia, é
quase um ato revolucionário imaginar
tudo o que nos torna semelhantes.
(Lara Prescott)

Alberto* lembra exatamente quantas resenhas já escreveu para o projeto Despertar pela Leitura: 16. É nítido como conserva características claras de um homem que seguiu a carreira como militar: a busca pela exatidão nas palavras, a firmeza na fala e a energia na voz.

"Por ser ex-militar, Alberto não duraria dois minutos com os presos faccionados", vaticina. E continua: "Foi operacional do Choque. De serviço prestado aqui, neste mesmo complexo penitenciário, Alberto retorna 30 anos depois como preso. Impressionante..."

Impressionante também é a sua maneira de contar a própria história em terceira pessoa. Faz uma espécie de literatura de si narrada com entonação quase teatral para mim, que hoje sou sua plateia.

Quando se fala em literatura, a situação de Alberto é bastante diferente da dos outros detentos com quem conversei. Cursou o ensino superior pela primeira vez em 1994, teve acesso a uma educação de qualidade. Para ele, a leitura no cárcere não significa o mesmo que para Anderson, por exemplo. Para Alberto, a leitura na prisão não fez com que ele mudasse totalmente a perspectiva de futuro e a visão de mundo, em comparação à época em que chegou. Para ele, a literatura traz conhecimento, aprendizado e fascina pela forma, transporta por meio da imaginação até lugares e situações que não pode viver enquanto homem preso. Mas é, principalmente, uma forma de poder reduzir os dias de pena.

Já leu de tudo um pouco: de Machado de Assis a Walcyr Carrasco — do clássico ao contemporâneo. Aceita prontamente os desafios que o professor Adailson Leal propõe a cada mês, e se empenha sempre ao máximo para garantir uma boa nota.

Enquanto conversamos, ele puxa uma folha do bolso e lê o rascunho que fez sobre *O que é religião?*, de Rubem Alves. É o livro que escolheu para resenhar em setembro de 2019. Quando pergunto se ele pode levar o papel para a sala de aula durante a aplicação da prova, esclarece que não. E continua: "Mesmo rascunhado, com este termo e este início, sempre modifica-se. A nossa mente é instantânea".

Seu vocabulário é sempre rebuscado, dispõe as palavras de forma clara, domina o discurso. Aliando a prática de escrever resenhas a um dom com a linguagem que já lhe é próprio, ficou mais fácil para Alberto conquistar uma vaga por meio do vestibular da Universidade Federal de Santa

Catarina. Em 2019, é uma das 186 pessoas privadas de liberdade no estado que cursam ensino superior[19].

Aos 56 anos, lutou para voltar a ser calouro na UFSC. Aquela não era a primeira vez que tentava ingressar na instituição enquanto detento — três anos antes, já havia sido aprovado. O bom resultado na primeira tentativa não foi suficiente para garantir uma vaga à época, pois Alberto estava ainda em regime fechado. Para que pudesse sair da unidade, ir à universidade e voltar após o término das aulas, teria que conquistar uma progressão de pena para o semiaberto. E conseguiu.

Era março de 2019, e lá estava ele: todo empolgado para o primeiro dia letivo do semestre. Assim que os portões da penitenciária se abriram, deparou-se com uma cena que não imaginava: a família inteira estava esperando pela sua saída do lado de fora. "Sobrinhos, sobrinhas, irmãs, irmão, filho: um comboio". Estavam ao portão com uma sacola de roupas, à espera de Alberto para levá-lo à universidade. "Me senti como um menino, uma criança no primeiro dia de aula no prezinho: confortado, amparado".

Tremia as pernas enquanto via os colegas chegarem, um a um, também estreando no curso. Talvez por causa da ansiedade — não sabe bem o porquê até hoje. Estava com muitos pensamentos; se perguntava constantemente se seria aceito. Será que teriam preconceito em relação a um colega presidiário? Não fazia ideia. Temia.

---

[19] Dado fornecido durante a apuração para este livro-reportagem, diretamente pela Secretaria de Estado da Administração Prisional e Socioeducativa (SAP) do Governo do Estado de Santa Catarina em 9 de dezembro de 2019.

No dia em que conversamos, pude perceber quanto tínhamos em comum enquanto estudantes de graduação. Ele me falava dos três trabalhos que tinha para apresentar "para já", com o fim de semestre a mil, e eu pensava em como precisava correr com meu trabalho de conclusão de curso. Mas as diferenças logo começaram a aparecer.

Todas as manhãs, Alberto passa pelo scanner corporal, a revista usual, e troca de roupas. Essa substituição significa muito mais do que simplesmente despir-se das vestes de preso-regalia. Ao abrir o pequeno armário onde pode guardar seus sapatos, sua calça e sua camisa, sente que é um pouco mais livre. Afinal, pode abandonar temporariamente seu verde-claro obrigatório e adotar o traje "social", como chama, assumindo outra forma de protagonizar a própria história: dessa vez, suas roupas podem ser apenas as de um universitário comum.

Põe o caderno embaixo do braço e sai da unidade prisional em direção ao ponto de ônibus. Ao ver a porta fechar-se atrás de si, tem uma hora para fazer o trajeto até a UFSC.

Os únicos momentos do dia em que Alberto tem acesso a computadores para elaborar seus seminários, relatórios e *papers* é na instituição federal de ensino. Toda vez que passa do portão e retorna à penitenciária, o acesso à informatização é perdido. E, como todo universitário, Alberto precisa de mais do que uma manhã por dia para poder finalizar e entregar as demandas de seus professores.

Certa vez, quando um dos docentes perguntou qual era a porcentagem de tempo que seus alunos passavam diariamente conectados à tecnologia, muitos responderam "Até 80%, 90%". Outros, que já acordavam de olho no celular. Quando chegou a vez de Alberto responder, tratou de soltar: "Uns 5%" — mas querendo apontar um número que considera mais real: 1%.

A turma caiu na gargalhada, e ele encontrou uma forma de se explicar. "É que eu sou pré-histórico", limitou-se a responder, rindo. Quando pergunto se Alberto acha que os colegas de turma sabem sobre sua condição de privação de liberdade, responde que "Se sabem, fingem que não".

Assim que a aula termina, Alberto tem igualmente uma hora para retornar à vida no cárcere. Se deixar de cumprir a regra, é considerado foragido. A volta também exige que ele passe pelo scanner e se despeça da informatização — é obrigado a voltar ao mundo do papel e caneta na mão.

Mesmo sem poder digitar, faz cada trabalho com o máximo de rigor que consegue. "Já entreguei trabalhos escritos inteiros a caneta em papel", relembra. Utiliza-se do tempo livre, quando não está trabalhando ou na aula do lado de fora, para estudar. "Noventa por cento [do tempo, passo] dentro do complexo penitenciário, em uma cela de cerca de 1,40 por 4 metros [segundo ele mesmo estima]. Estudo com o caderno no colo, uma caneta e apostila ou livro do lado". Acredita que sejam cerca de três horas dedicadas à leitura por dia para embasar seus escritos — tanto para o projeto de remição por leitura quanto para as disciplinas da graduação.

Como chega sempre um pouco adiantado à universidade, utiliza os computadores do laboratório para passar as tarefas para o formato digital. "Vinte, trinta minutos antes do início da aula, lá está o Alberto. Sentado, digitando, adiantando o trabalho do dia ou do dia anterior. Esta é a vida do Alberto como universitário: pode estar um passo atrás, mas está sempre correndo".

A organização de Alberto é impecável: por não ter acesso a um celular ou notebook para consultar suas conversas a hora que quiser, carrega impressos consigo, na cela, todos os e-mails trocados com os professores anexados em uma encadernação enorme. Em dois meses de aulas, o documento já acumulava cerca de 300 páginas. Tudo é registrado para que ele tenha certeza de que não está com nenhuma pendência acadêmica.

Sua vida como universitário nunca foi fácil. No começo, achou apavorante ter descoberto que havia entrado em um curso que era "tecnologia pura", em suas palavras. Sentia que estava de seis a sete anos atrasado, já que fazia todo esse tempo que estava preso e não tinha como mexer em qualquer aparelho que dispusesse de internet. Hoje tem e-mail e acesso ao sistema Moodle[20]; se considera "ressocializado na universidade".

O que acha apavorante, atualmente, é pensar que precisa sair todos os dias no mesmo horário para ir à UFSC enquanto seu ex-companheiro de cela lhe jurou de morte. Quando tiveram um desentendimento, o homem prometeu a Alberto que ele "cairia" no portão assim que pisasse fora da unidade para ir à universidade.

---

20 O Moodle é a plataforma que a Universidade Federal de Santa Catarina disponibiliza aos professores e aos alunos. Por meio dela, os docentes repassam atividades, recados, materiais didáticos e avaliações aos alunos.

"Cair". De acordo com o dicionário *Michaelis*[21], trata-se de um verbo intransitivo. "Descer no espaço, em virtude da gravidade, quando libertado da suspensão ou suporte; ir de cima para baixo; ser levado de cima para baixo pelo próprio peso; tombar".

Mas não estamos na "rua", do lado de fora dos muros, onde essa palavra breve e simples, com suas quatro letras, tem um significado principal e que não precisa de complemento. Dentro da cadeia, "cair" pode significar ser preso ou morrer. Alberto, por exemplo, "caiu" por homicídio; e carregava nas costas uma promessa de que "cairia" (seria morto) em breve.

A ameaça do homem com quem convivia foi clara, e fez Alberto mudar seu conceito sobre a sua possibilidade de passar um tempo fora da penitenciária para estudar. Se antes acreditava que era uma liberdade parcial que ajudava em sua ressocialização, agora associa a oportunidade também a "uma liberdade que pode conduzir à morte".

O portão metálico que divide liberdade e encarceramento é assustador para qualquer um que pare para observá-lo. É alto, imponente, e exibe um mosaico de tiros — alguns que conseguiram ultrapassar, outros que só deformaram o metal. Alberto vai e volta das aulas de segunda a sexta-feira, sempre nos mesmos horários.

"Imagina como está o psicológico do Alberto... Lembrando que hoje chegou na universidade, mas não sabe se amanhã vai estar de volta".

---

[21] CAIR. *In*: MICHAELIS dicionário brasileiro da língua portuguesa. [*S. l.*]: Melhoramentos, c2015. Versão 2.0. S/p. Disponível em: https://michaelis.uol.com.br/moderno-portugues/busca/portugues-brasileiro/cair/. Acesso em: 3 mar. 2023.

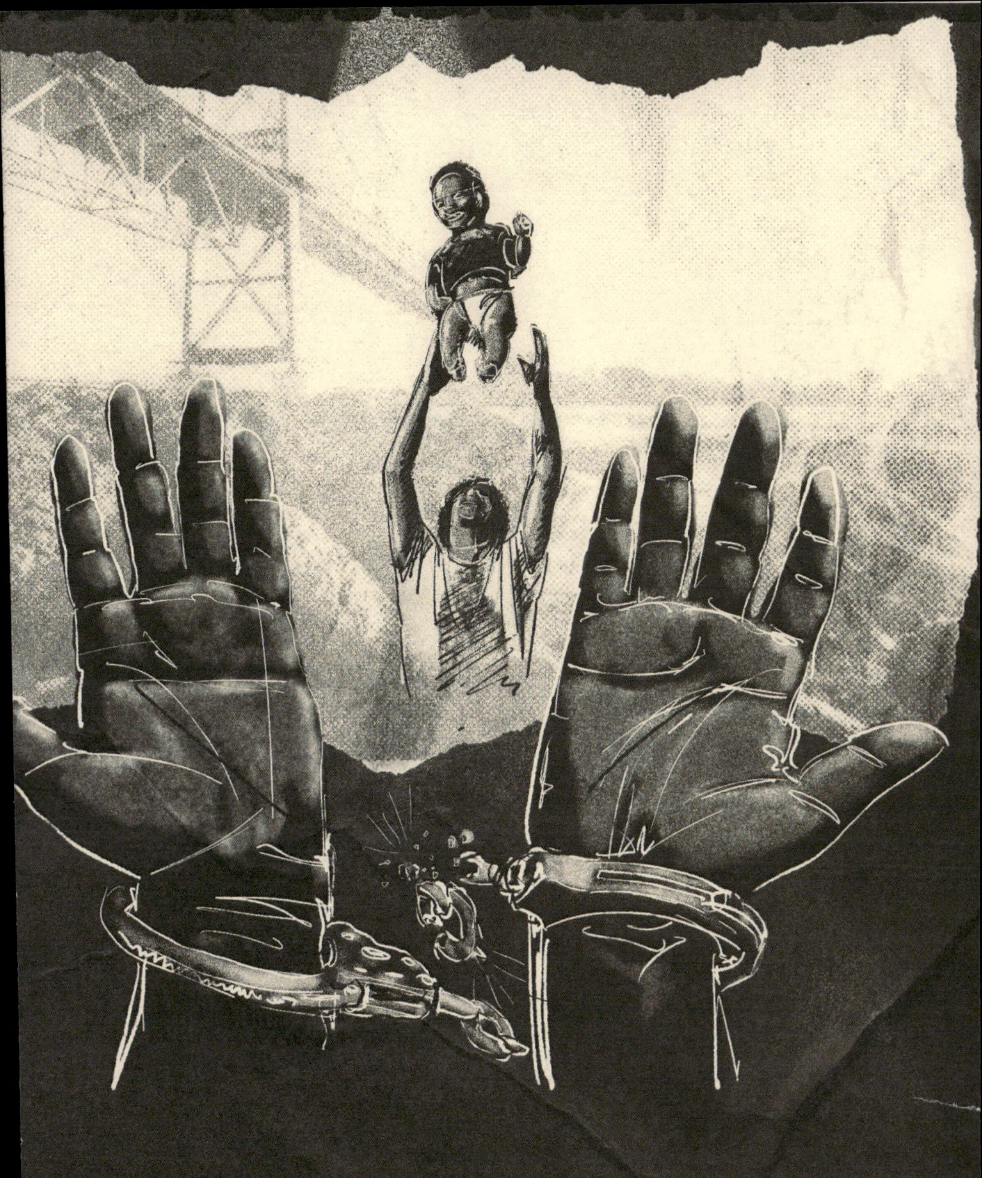

capítulo

08 bom dia pra quem?

Se aprender um truque simples,
vai se relacionar com todo o tipo
de gente. Você só consegue entender
uma pessoa de verdade quando vê as
coisas do ponto de vista dela.
(Harper Lee, O sol é para todos)

No dia 1.º de abril de 2015, Joel Nunes da Silva olhou para o alvará de soltura e, sem muita cerimônia, rasgou-o em pedacinhos. Jogou cada um na privada, decidido a deixar essa parte da vida para trás. Foi um adeus àquele que era o único documento que atestava sua liberdade, que declarava que Joel era agora, finalmente, um homem livre.

"Por que você fez isso?", perguntei.

"Está pago isso aqui. Não devo mais nada. Vai pro esgoto, porque já era".

Observou os pedaços de papel se contorcerem e perderem a forma antes de serem levados pelo redemoinho — seu desejo era de que o mesmo acontecesse com as histórias ruins que nunca mais seriam apagadas da memória e da pele. A descarga carregou para longe muita coisa que Joel gostaria de esquecer.

As mudanças, no entanto, são permanentes — foram 15 anos encarcerado, afinal. Ainda se lembra exatamente do dia em que foi preso, em 22 de julho de 2000. Era o dia de seu aniversário, completava 19 anos. Para se ter ideia, Joel foi preso enquanto Fernando Henrique Cardoso era presidente e, desde então, como pessoa em situação de privação de liberdade, não pôde votar nas quatro eleições presidenciais que se seguiram.

2000

2001

2002

2003

2004

2005

2006

2007

2008

2009

2010

2011

2012

2013

2014

2015

"Eu tive bastante tempo para fazer bastante coisa", observa.

Uma delas foi ler. Apesar de sempre ter gostado de acompanhar jornais, revistas e até saborear alguns livros, não tinha o hábito de ir muito além. Era difícil mergulhar em leituras muito densas tendo estudado só até a quarta série do ensino fundamental.

Começou a cursar a Educação de Jovens e Adultos na prisão. No início, não imaginava quanto estudar mudaria a sua trajetória — tinha somente o objetivo cru e prático de matar tempo, mesmo. Ainda não existiam projetos como o Despertar pela Leitura, que só começou em 2018. Para conseguir livros e leituras diversas, era preciso preencher memorandos. "Eu podia ter acesso a todos os livros, só demorava para chegar".

O estopim que arrancou Joel da inércia e despertou sua vontade de aprender a ler e escrever melhor foi uma greve de fome iniciada pelos detentos. Foram quatro ou cinco dias em que, durante todas as refeições, a regra era clara entre eles: além de não se alimentarem, tinham a obrigação de jogar toda a comida para fora da cela como forma de protesto.

Foi a forma que encontraram de reivindicar melhorias e denunciar o que acontecia de errado. "Um movimento em que a gente geralmente busca a mídia para tentar vazar a informação de que está acontecendo uma greve de fome", esclarece.

Joel queria ser capaz de transmitir suas ideias por meio das palavras, para poder transpor os muros e amplificar sua voz no mundo lá fora. Para isso, queria saber como colocar as informações com clareza no papel. Seu objetivo era escrever uma carta com denúncias que chegassem até um juiz.

Foi então que passou a se dedicar exponencialmente à leitura e à escrita — à educação, de forma geral. Leu, leu muito. Só a Bíblia Sagrada "já li mais do que muito evangélico". Estima que foram 16 vezes. Quando pergunto o porquê de tantas releituras, ele completa: "Não tinha nada pra ler. Lá dentro, tu tem que manter o teu cérebro em atividade pra não surtar. As primeiras vezes, eu acreditava. Depois, as outras vezes que comecei a ler, era pra passar o tempo".

Escreveu, também, até passar a ser uma espécie de escrivão para os colegas de cela. Quando os outros presidiários precisavam elaborar um memorando, lá ia Joel colocar no papel as ideias. Cartas, mesmo, escreveu por todo mundo. "Hoje eu não sei como é que tá, porque faz muito tempo que saí. Mas quando eu cheguei lá — não vou saber dizer a porcentagem exata — era mais da metade de pessoas analfabetas ou semianalfabetas. Alguns até sabiam ler e escrever, mas não tinham condição nenhuma de escrever uma carta para a família, ou para a namorada", recorda.

Virou professor. Um dos companheiros com quem convivia no cárcere tinha um grande desejo de, letra por letra, aprender a rabiscar o próprio nome. Joel, vendo a vontade do colega, colocou-se à disposição para ensiná-lo. Treinaram juntos as palavras com um gibi de *A turma da Mônica*. Quando foi solto, o homem viu a tinta sair da caneta para o papel em traços tortos, mas legíveis. Realizou o sonho de sair da prisão sem ter que assinar o nome com a digital.

Não foi só o colega que deu um passo adiante. Joel, estudando a EJA, passou para o ensino médio e, logo, conquistou uma vaga via vestibular no curso de Serviço Social da Universidade Federal de Santa Catarina.

A realidade era muito diferente de qualquer expectativa que tivesse criado em fantasia, e o atingiu sem aviso prévio já no primeiro dia de aula — percebeu que, a partir daquele momento, estaria dividido entre dois mundos totalmente diferentes durante os anos que se seguiriam.

O primeiro impacto veio com um simples "bom dia". Uma formalidade, um costume, uma expressão que todos já soltamos milhares de vezes na vida. Para Joel, um susto aos ouvidos.

Do muro para dentro, conta, ninguém falava esse tipo de coisa. "Bom dia pra quem? Só se for pra ti. Pra mim não tá bom dia, não. Trinta anos de cadeia nas costas e você vai me dar bom dia? Pra quê?", lembrava enquanto os colegas se cumprimentavam e tratavam-no com a mesma cordialidade cotidiana e aparentemente tão banal. "Não existe sorriso, não existe aperto de mão, não existe nada. Porque lá dentro você não pode demonstrar em momento nenhum fraqueza".

Coisas já internalizadas há muito tempo para outras pessoas eram completamente estranhas a Joel. Uma delas era o cartão para pagamento da passagem de ônibus que recebera para se locomover da penitenciária até a universidade. Olhava, olhava, e continuava confuso: o que deveria fazer com aquilo? À época de sua prisão, tudo que existia eram fichinhas amarelas.

Sentou-se no banco do ponto, esperando e se perguntando como usaria aquela novidade que segurava nas mãos. Até que viu uma menininha, que devia ter uns 7 anos, com um cartão como o dele pendurado no pescoço. Não desviou os olhos dela e de seu cordão, tentando observar cada movimento para imitá-la. Descobriu que só precisaria aproximar o cartão magnético da máquina que ficava à frente do cobrador, e pronto: o aviso sonoro apitava, o sinal verde aparecia com o recado na tela — “Liberado”. A mágica estava feita.

Outros impactos não demoraram a aparecer. “Imagina: você sai de dentro de uma penitenciária, em que falam trocentas gírias, chega aqui e a galera com um português que parece que tu está em outro planeta, linguajar totalmente técnico. Não entendia nada do que eles estavam falando”. A sensação durante todo o primeiro mês da graduação era de que enlouqueceria. Era muita mudança e pouco tempo para absorver.

Mas se adaptou, para seu alívio. Sua condição, no entanto, sempre foi muito diferente dos demais colegas, e isso não mudaria tão cedo. Eles dispunham, em sua maioria, de ambientes minimamente adequados para estudo. Para Joel, um cantinho com uma escrivaninha e iluminação boa era luxo — um luxo inalcançável na prisão. “Eu tinha uma cela para estudar, cheia de fumaça, com um monte de gente falando de crime, a facção dando ordem, os agentes botando pressão, entrando e revirando meus livros, jogando coisas em cima, me zoando”.

Em alguns momentos, principalmente quando estava voltando da rua e passando pela revista corporal, era chamado em tom de piada de “doutor ladrão” ou “bandido regenerado”. Aguentava calado as humilhações e provocações de alguns dos agentes.

Quando tirava a roupa e era revistado, deixava para fora dos portões tudo aquilo que parecia ser liberdade. Voltava a ser mais um presidiário. Se ainda estivesse no cárcere, Joel estaria entre os 452,8 mil negros e negras presos em unidades prisionais brasileiras[22].

Joel sabe que serviu de inspiração para outros homens negros encarcerados que viram nele sua própria representação na universidade. E queria representar à altura: estudou para a primeira prova, de sociologia, como se sua vida dependesse daquilo. Para ele, significava tudo ou nada.

Assim que pegou a avaliação e viu um 10 estampado com louvor, Joel voltou à penitenciária e, naquele dia, jogou o documento na mesa em que alguns dos 32 companheiros de cela jogavam baralho. Inflou o peito — de ar e orgulho — e anunciou:

"Ó, aí, galera. Vocês estavam tirando onda com a minha cara. Olha aí. O negócio é sério!"

Muitos, mesmo sem saber ler direito, identificaram os números no topo da página e puxaram aplausos fervorosos em homenagem ao bom desempenho. Abraços, sorrisos e reconhecimento: naquele dia, o "barraco" de Joel foi festa.

"É isso aí, negão! Você é a favela no meio daqueles playboy!", ouviu.

Joel olhou para mim e percebi quanto aquilo era marcante em sua vida. "Na hora, tu não entende o que ele está falando. Depois, eu pensei: 'Pô, o cara deu a letra'. Na

[22] BRASIL, 2022. É importante dizer que o número de negros nas unidades prisionais do Brasil pode ser maior ou menor, tendo em vista que nessa pesquisa do Depen não havia informação sobre a cor de pele de 170 mil presos.

favela, desde cedo você aprende que tem que estudar. Aí, quando chega no ensino médio, você para e vai trabalhar, porque você tem seus irmãos menores para ajudar, porque teu pai tá velho, porque engravidou alguém... Mas sabe que a universidade é feita para pessoas brancas e ricas. Ele, ali, naquela frase, chegou e soltou 'Você é a favela. Você está nos representando. Valeu. Eu sou você lá'".

A partir deste episódio, começou uma nova vida para ele no cárcere: passou a ser respeitado. Não só isso: a receber algumas regalias, até. Regras de convivência foram impostas pelos próprios detentos com quem dividia o espaço. Todas as manhãs, por exemplo, era Joel quem tinha o direito de tomar banho primeiro, antes de qualquer um. Isso porque tinha horário fixo para sair e ir à até a UFSC, e não podia se atrasar. Pela noite, eram desligadas televisões, e, durante uma hora, a Joel também foi dado direito de usufruir de silêncio para poder fazer suas leituras e seus trabalhos. As 32 vozes se calavam — e faziam questão de também calar as das telas para ajudar o colega a se concentrar.

Tudo isso significava apoio, já que Joel era o único que estava conseguindo "mudar de vida". "Mesmo aqueles que são 'do crime', que são de facção, me apoiavam. Porque pelo menos *um* estava conseguindo sair daquilo. E todos, mesmo aqueles que estão no crime, também pensam em sair, mas não veem alternativa", ressalta.

Para ele, falta auxílio depois que a pessoa é libertada. A sociedade impõe barreiras altas para barrar contratações de pessoas que já tiveram passagem pela polícia, o que acaba dificultando muito a conquista de uma renda. "Quando tu recebe o teu alvará, 'a tua carta de alforria', como eu chamo, você é jogado para fora da cadeia e 'se vire'. Mas tu chega na rua e as contas continuam". Até o dia em que nos falamos, mesmo com o diploma na mão, Joel não havia conseguido um emprego em sua área de formação. Trabalhava como motoboy.

O estudo, a leitura e a escrita mudaram completamente o rumo de sua história. Além disso, transformaram também a forma de seus filhos verem o mundo e as próprias oportunidades.

Joel vê que a atitude de ter conseguido cursar uma faculdade, mesmo no cárcere e em condições que não chegam perto das ideais, fez nascer nas gerações futuras da família uma esperança irrefreável. Nem imaginava que tinha poder de mudar não só o próprio rumo, mas também o de seus pequenos.

Aos 16 anos, seu menino disse a ele que cursaria História. "Mesmo ele sendo alguém da periferia, passou a sonhar com o acesso à universidade. Ele vê que o pai dele fez alguma coisa errada e foi preso; mesmo assim, deu a volta por cima e chegou lá. Então, ele também quer". Como o primeiro da família a concluir o ensino superior, Joel abriu as portas que antes estavam emperradas para fazer passarem todos que por elas puderem e quiserem, valendo-se do seu exemplo. A filha, aos 12 anos, também já tem pretensões e desejos relacionados à educação.

Se lhe dissessem, quando ainda era adolescente, que aquele homem que se viu morando sozinho na rua aos 16 anos chegaria aonde ele está hoje, provavelmente custaria a acreditar. Também não acreditaria que serviria de inspiração para uma iniciativa como o projeto "Novos Horizontes: a universidade nos espaços de privação de liberdade", da Universidade do Estado de Santa Catarina (Udesc).

Em vigor desde 2016, uma das ações realizadas pelo programa, que tem mostrado resultados positivos relacionados ao hábito da leitura, é a organização do acervo da biblioteca da penitenciária da capital. "Quando não tinha bibliotecário, não tinha saída de livros. Agora a gente vê que, por mês, saem cerca de 300", destaca Daniella Pizarro, coordenadora do programa. Esse número se refere somente a pedidos via memorando, feitos pelos detentos que querem ler apenas por prazer.

O Novos Horizontes também ajuda detentos e detentas a transporem os muros do cárcere e resgatarem parte do convívio social por meio da realização do vestibular nas unidades. O ingresso de pessoas encarceradas na faculdade tem sido uma realidade muito mais próxima, e o passo seguinte, conta Daniella, seria criar um núcleo de acolhimento a essas pessoas, tendo em vista que chegam ao ambiente acadêmico com várias demandas particulares.

Além da Udesc, a UFSC também realiza a aplicação do vestibular nas unidades prisionais. A oportunidade de cursar uma faculdade tem mudado a realidade e a perspectiva de futuro de muitos encarcerados. Daniella conheceu Joel enquanto estudante e o considera um homem que "ressignificou sua visão de mundo através do estudo".

Ele, por sua vez, é grato por ter concluído o ensino superior. Acha que foi a melhor coisa que já fez. Acredita que a escolha do curso foi acertada, pois conseguiu entender qual era o seu papel dentro da sociedade. A leitura foi também algo que fez diferença: servindo-se dela, desenvolveu um senso crítico cada vez mais apurado e foi capaz de entender cada vez melhor como a sociedade era estruturada.

Não acredita, por exemplo, na palavra que é tão usada e difundida quando se fala em sistema carcerário: "ressocialização". Para ele, o termo não faz o menor sentido. Quando alguém insiste em usá-lo na frente de Joel, não sai ileso. Ele logo trata de explicar seu ponto de vista. "A gente tem que entender que **ninguém volta pra sociedade, porque ninguém sai dela.** A cadeia não é em Marte, ela é uma invenção social, faz parte da sociedade".

A trajetória de Joel é marcada por linhas tortas, oblíquas e tortuosas. Mesmo assim, seguiu os traços consistentemente, almejando alcançar um lugar melhor em algum momento. Tem certeza: ao seguir caminhando pela estrada da educação, poupou a própria história de culminar em um desfecho irreversível. Tem certeza de que, se não tivesse estudado, hoje estaria preso ou enterrado.

Uma lembrança vívida que cultiva é a do dia em que foi convidado para participar de uma discussão sobre educação prisional na Udesc. Foi com sua visita que Joel acabou inspirando a criação do projeto "Novos Horizontes" na instituição. Soltou uma frase que levantou uma discussão na universidade sobre a razão da falta de iniciativas que acolhessem pessoas em privação de liberdade aprovadas no vestibular.

"O que foi que você disse lá, Joel?", pergunto.

"Eu olhei para uma professora e falei: 'Queria te agradecer pelo convite para estar aqui. Você sabia que é a primeira vez que eu entro numa instituição estadual como convidado, e não com uma algema nos braços e uma corrente nos pés?'".

Entende agora por que os livros
são odiados e temidos? Eles mostram
os poros no rosto da vida. Os que
vivem no conforto querem apenas
rostos com cara de lua de cera,
sem poros nem pelos, inexpressivos.
(Ray Bradbury, Fahrenheit 451)

Para que não esqueçamos de nenhum
deles — nem dos livros, nem das pessoas.

referências

AMADO, Jorge. *Capitães da areia*. Companhia das Letras, 2008. 283 p.

ARBEX, Daniela. *Cova 312*: a longa jornada de uma repórter para descobrir o destino de um guerrilheiro, derrubar uma farsa e mudar um capítulo da história do Brasil. São Paulo: Geração Editorial, 2015. 344 p.

ARBEX, Daniela. *Todo Dia a Mesma Noite*: a história não contada da boate kiss. Intrínseca, 2018. 248 p.

BELO, Eduardo. *Livro-reportagem*. 2. ed. São Paulo: Contexto, 2017. 140 p.

BIANCHIN, Neila. *Romance reportagem*. Florianópolis: Edufsc, 1997.

BRADBURY, Ray. Fahrenheit 451. 1. ed. São Paulo: Biblioteca Azul, 2012. 216 p.

BRASIL. Ministério da Justiça. Departamento Penitenciário Nacional. Sistema de Informações do Departamento Penitenciário Nacional (Sisdepen). *12º ciclo - Infopen*. [Brasília]: Depen, 2022. Disponível em: https://www.gov.br/depen/pt-br/servicos/sisdepen/relatorios-e-manuais/relatorios/relatorios-analiticos/br/brasil-junho-2022.pdf. Acesso em: 31 jan. 2022.

BRASIL. Ministério da Justiça. Departamento Penitenciário Nacional. *Levantamento nacional de informações penitenciárias Infopen*: junho de 2014. [Brasília]: Depen, 2014. Disponível em: https://www.justica.gov.br/news/mj-divulgara-novo-relatorio-do-infopen-nesta-terca-feira/relatorio-depen-versao-web.pdf. Acesso em: 6 fev. 2023.

BRUM, Eliane. *A vida que ninguém vê*. Arquipélago Editorial, 2006. 208 p.

BRUM, Eliane. *O olho da rua*: uma repórter em busca da literatura da vida real. 2. ed. Arquipélago Editorial, 2017. 376 p.

BUENO, Amanda. *[Sem título]*. Florianópolis, 2019. 12 fotografias.

BUENO, Samira; LIMA, Renato Sérgio de. Fórum Brasileiro de Segurança Pública. *Anuário Brasileiro de Segurança Pública 2022*. Brasil, 2022. 516 p. Disponível em: https://forumseguranca.org.br/wp-content/uploads/2022/06/anuario-2022.pdf?v=5. Acesso em: 31 jan. 2023.

CAIR. *In*: MICHAELIS dicionário brasileiro da língua portuguesa. [*S. l.*]: Melhoramentos, c2015. Versão 2.0. Não paginada. Disponível em: https://michaelis.uol.com.br/moderno-portugues/busca/portugues-brasileiro/cair/. Acesso em: 3 mar. 2023.

CALEGARI, Luiza. Projeto dá visibilidade aos principais leitores do Brasil: os presidiários. *Exame*, [*s. l.*], 28 abr. 2018. Disponível em: https://exame.com/brasil/projeto-da-visibilidade-aos-principais-leitores-do-brasil-os-presidiarios/. Acesso em: 29 jan. 2023.

CALEGARI, Luiza. Projeto dá visibilidade aos principais leitores do Brasil: os presidiários. Detentos chegam a ler nove vezes mais que a média dos brasileiros; veja o mini documentário sobre projeto. *Exame*, [*s. l.*], 2018. Disponível em: https://exame.com/brasil/projeto-da-visibilidade-aos-principais-leitores-do-brasil-os-presidiarios/. Acesso em: 29 jan. 2023.

CAMUS, Albert. *O estrangeiro*. 54. ed. Tradução de Valerie Rumjanek. Rio de Janeiro: Record, 1979. 128 p.

CAPOTE, Truman. *A sangue frio*. Companhia das Letras, 2003. 440 p.

CAPUTO, Stela Guedes. *Sobre entrevistas*: Teoria, prática e experiências. Petrópolis: Vozes, 2006. 203 p.

CONSELHO NACIONAL DE JUSTIÇA. *Leitura na prisão muda destino de condenados*. 2017. Disponível em: https://www.cnj.

jus.br/leitura-na-prisao-muda-destino-de-condenados. Acesso em: 5 dez. 2019.

DENARDI, Vanessa Goes *et al.* Projeto Despertar pela Leitura no Complexo Penitenciário de Florianópolis-SC: abordagens teóricas e metodológicas. *Revista Interinstitucional Artes de Educar*, Rio de Janeiro, v. 5, n. 1, p. 87-102, 21 maio 2019. DOI 10.12957/riae.2019.39561. Disponível em: https://acrobat.adobe.com/link/track?uri=urn%3Aaaid%3Ascds%3AUS%3A6f9e9f8f-1771-40fb--9b48-4f32bebb288d&viewer%21megaVerb=group-discover. Acesso em: 6 fev. 2023.

DOYLE, Arthur Conan. *O cão dos Baskerville*. Grua Livros, 2016. 240 p.

FÓRUM BRASILEIRO DE SEGURANÇA PÚBLICA. *Anuário brasileiro de segurança pública 2022*. Coordenação de Samira Bueno e Renato Sérgio de Lima. [São Paulo]: Fórum Brasileiro de Segurança Pública, 2022. Disponível em: https://forumseguranca.org.br/wp-content/uploads/2022/06/anuario-2022.pdf?v=5. Acesso em: 31 jan. 2023.

IBGE. *Pesquisa Nacional por Amostra de Domicílios Contínua (PNAD Contínua)*: características gerais dos moradores 2020-2021. Brasil, 2022. 8 p. Disponível em: https://biblioteca.ibge.gov.br/visualizacao/livros/liv101957_informativo.pdf. Acesso em: 6 fev. 2023.

INSTITUTO BRASILEIRO DE GEOGRAFIA E ESTATÍSTICA (IBGE). *Pesquisa Nacional por Amostra de Domicílios Contínua (Pnad Contínua)*: características gerais dos moradores 2020-2021. [Rio de Janeiro]: IBGE, 2022a. Disponível em: https://biblioteca.ibge.gov.br/visualizacao/livros/liv101957_informativo.pdf. Acesso em: 6 fev. 2023.

INSTITUTO BRASILEIRO DE GEOGRAFIA E ESTATÍSTICA (IBGE). *Prévia da população calculada com base nos resultados do Censo Demográfico 2022 até 25 de dezembro de 2022*. [Rio de Janeiro]: IBGE, 2022b. Disponível em: https://ftp.ibge.gov.br/Censos/Censo_Demografico_2022/Previa_da_Populacao/POP2022_Brasil_e_UFs.pdf. Acesso em: 31 jan. 2023.

INSTITUTO BRASILEIRO DE GEOGRAFIA E ESTATÍSTICA. *Prévia da população calculada com base nos resultados do Censo Demográfico 2022 até 25 de dezembro de 2022*. Brasil: IBGE, 2022. 1 p. Disponível em: https://ftp.ibge.gov.br/Censos/Censo_Demografico_2022/Previa_da_Populacao/POP2022_Br asil_e_UFs.pdf. Acesso em: 31 jan. 2023.

INSTITUTO PRÓ-LIVRO (IPL). *Retratos da leitura no Brasil*. 4. ed. [São Paulo]: IPL, 2016. Aplicada pelo Ibope Inteligência. Disponível em: https://www.prolivro.org.br/wp-content/uploads/2020/07/Pesquisa_Retratos_da_Leitura_no_Brasil_-_2015.pdf. Acesso em: 29 jan. 2023.

INSTITUTO PRÓ-LIVRO (IPL). *Retratos da leitura no Brasil*. 5. ed. [São Paulo]: IPL, 2020. Parceria com o Itaú Cultural e aplicação pelo Ibope Inteligência. Disponível em: https://www.prolivro.org.br/wp-content/uploads/2020/12/5a_edicao_Retratos_da_Leitura-_IPL_dez2020-compactado.pdf. Acesso em: 29 jan. 2023.

LEE, Harper. *O sol é para todos*. 49. ed. José Olympio, 2006. 349 p.

LIMA, Edvaldo Pereira. *O que é livro-reportagem*. São Paulo: Brasiliense, 1998. 69 p.

LIMA, Edvaldo Pereira. *Páginas ampliadas*: O livro-reportagem como extensão do jornalismo e da literatura. São Paulo: Manole, 2004. 371 p.

LISPECTOR, Clarice. *A hora da estrela*. 2. ed. Rio de Janeiro: Editora Rocco, 2017. 224p.

LISPECTOR, Clarice. *Perto do coração selvagem*. Rocco, 2019. 208 p.

NASCIMENTO, Stephany. Sistema carcerário brasileiro: a realidade das prisões no Brasil. *Politize!*, [Florianópolis], 10 mar. 2022. Disponível em: https://www.politize.com.br/sistema-carcerario-brasileiro/. Acesso em: 31 jan. 2023.

PROSE, Francine. *Para ler como um escritor*: um guia para quem gosta de livros e para quem quer escrevê-los. Tradução de Maria Luiza X. de A. Borges. Rio de Janeiro: Zahar, 2008. 320 p.

QUEIROZ, Nana. *Presos que menstruam*: a brutal vida das mulheres - tratadas como homens - nas prisões brasileiras. Record, 2015. 390 p.

REYNOLDS, Jason. *Daqui para baixo*. Tradução de Ana Guadalupe. Rio de Janeiro: Intrínseca, 2019. 320 p.

RIBEIRO, Maria Luzineide P. da Costa. *Uma teia de relações*: o livro, a leitura e a prisão: Um estudo sobre a remição de pena pela leitura em Penitenciárias Federais Brasileiras. 2017. 240f. Tese (Doutorado em Literatura e Práticas Sociais) – Universidade de Brasília, Brasília, 2017.

SANTA CATARINA. Heloisa Helena Reis Cardenuto. Governo de Santa Catarina (org.). *Plano estadual de educação em prisões 2016-2026*: educação, prisão e liberdade, diálogos possíveis. Florianópolis: Diretoria da Imprensa Oficial e Editora de Santa Catarina, 2017. 92p.

SANTA CATARINA. Secretaria de Estado da Administração Prisional e Socioeducativa. Departamento de Administração Prisional. *Santa Catarina tem 5,5 mil presos no projeto Despertar pela Leitura*. [Florianópolis]: Polícia Penal de Santa Catarina, 23 set. 2019. Disponível em: https://www.policiapenal.sc.gov.br/index.php/noticias/685-santa-catarina-tem-5-5-mil-presos-no-projeto-despertar-pela-leitura. Acesso em: 5 dez. 2019.

SILVEIRA, Daniel. Extrema pobreza bate recorde no Brasil em dois anos de pandemia, diz IBGE. *G1*, Rio de Janeiro, 2 dez. 2022. Disponível em: https://g1.globo.com/economia/noticia/2022/12/02/extrema-pobreza-bate-recorde-no-brasil-em-dois-anos-de-pandemia-diz-ibge.ghtml. Acesso em: 6 fev. 2023.

Sistema de Informações do Departamento Penitenciário Nacional – SISDEPEN. 12º Ciclo - INFOPEN. Brasil, 2022. 17 p. Disponível em: https://www.gov.br/depen/pt-br/servicos/sisdepen/relatorios-e-manuais/relatorios/relatorios-analiticos/br/brasil-junho-2022.pdf. Acesso em: 31 jan. 2022.

Sistema de Informações do Departamento Penitenciário Nacional – SISDEPEN. 12º Ciclo - INFOPEN. Santa Catarina, 2022. Disponível em: https://www.gov.br/depen/pt-br/servicos/sisdepen/relatorios-e-manuais/relatorios/relatorios-analiticos/SC/sc-junho-2022.pdf. Acesso em: 31 jan. 2022.

STEPHANY NASCIMENTO. *Sistema carcerário brasileiro*: a realidade das prisões no Brasil. 2022. Disponível em: https://www.politize.com.br/sistema-carcerario-brasileiro/. Acesso em: 31 jan. 2023.